COLEÇÃO

DIREITOS FUNDAMENTAIS E JUSTIÇA

ACIDENTE DO
TRABALHO E LIMBO
TRABALHISTA-PREVIDENCIÁRIO

AUTORIA
OCÉLIO DE JESÚS C. MORAIS

LTr®

COLEÇÃO

DIREITOS FUNDAMENTAIS E JUSTIÇA

ACIDENTE DO TRABALHO E LIMBO TRABALHISTA-PREVIDENCIÁRIO

2024

LTr Editora Ltda.

Rua Jaguaribe, 571
CEP 01224-003
São Paulo, SP — Brasil
Fone (11) 2167-1101
www.ltr.com.br
Maio, 2024

Produção Gráfica e Editoração Eletrônica: RLUX
Projeto de capa: DANILO REBELLO
Impressão: LOG & PRINT GRÁFICA E LOGÍSTICA

Versão impressa — LTr 6450.9 — ISBN 978-65-5883-298-0
Versão digital — LTr 9914.8 — ISBN 978-65-5883-299-7

Dados Internacionais de Catalogação na Publicação (CIP)
(Câmara Brasileira do Livro, SP, Brasil)

Morais, Océlio de Jesús C.
Acidente do trabalho e limbo trabalhista-previdenciário / Océlio de Jesús C. Morais. — São Paulo : LTr Editora, 2024. — (Direitos fundamentais e justiça)

Bibliografia.
ISBN 978-65-5883-298-0

1. Acidentes de trabalho — Legislação – Brasil 2. Direito do trabalho 3. Previdência social — Brasil. I. Título. II. Série.

24-199237 CDU-34:331(81)

Índice para catálogo sistemático:

1. Brasil : Direito do trabalho 34:331 (81)

Eliane de Freitas Leite — Bibliotecária — CRB 8/8415

SUMÁRIO

Sobre a obra 7

Obras exclusivas do autor 11

Tópico 01 — Valor do trabalho humano 13

1.1. Valor social do trabalho humano na visão da Organização Internacional do Trabalho 15

1.2. Valor social do trabalho humano na ordem constitucional 34

1.3. Valor social do trabalho nas Normas Regulamentadoras e na Consolidação das Leis do Trabalho 53

Tópico 02 — Acidente do trabalho e proteção 61

2.1. Acidente do Trabalho e entidades mórbidas 63

2.2. Pensamento do Tribunal Superior do Trabalho (Orientações Jurisprudenciais e Súmulas) 87

2.3. Pensamento do Supremo Tribunal Federal (Súmulas) 97

Tópico 03 — Limbo trabalhista previdenciário 107

3.1. Sobre uma ideia de Limbo 109

3.2. Limbo trabalhista 112

3.3. Limbo Previdenciário 124

3.4. Limbo trabalhista previdenciário............................. 132

Tópico 4 — Notas conclusivas... 147

Referências 153

SOBRE A OBRA

Tratar sobre a caracterização do limbo trabalhista, do limbo previdenciário e do limbo trabalhista previdenciário — que rigorosamente são realidades fáticas e jurídicas totalmente distintas —, em última análise, diz respeito ao ato de refletir para defender o direito humano ao trabalho seguro, ampliação dos procedimentos relativos à medicina do trabalho, e proteger a saúde e a dignidade do trabalhador.

Essa temática é o objeto central deste segundo número da coleção Premium "Justiça e Direito Fundamentais", cuja abordagem apresenta conceitos, valores e princípios da legislação trabalhista e previdenciária, buscando raízes sociais no dogma teológico, na doutrina social sobre o trabalho humano nas encíclicas pontificais, nas diretrizes da Organização Internacional do Trabalho (OIT) relativas à prevenção dos acidentes do trabalho, e à luz dos princípios e garantias constitucionais da ordem jurídica brasileira e da jurisprudência dominante no Tribunal Superior do Trabalho (TST) e do Supremo Tribunal Federal.

O leitor irá identificar, por exemplo, o momento histórico da construção jurídica em que a ordem constitucional brasileira passa a se referir sobre proteção ao trabalho e, ainda, a simetria normativa-principiológica entre as constituições brasileiras e convenções da Organização Internacional do Trabalho acerca da dignidade do trabalhador, na perspectiva da justiça social.

Como resultado das construções conceituais apresentadas, da apresentação do pensamento jurisprudencial em formação e das diretrizes das convenções internacionais da Organização Internacional do Trabalho ratificadas e vigentes no Brasil, proponho, ao final, uma tese jurídica com espírito sumular e, ainda, um projeto de lei para disciplinar as situações relativas ao limbo trabalhista e ao limbo trabalhista previdenciário em face do trabalhador segurado com alta previdenciária e para definir a responsabilidade do empregador ao pagamento dos salários e a decorrente indenização por dano extrapatrimonial.

(O.J.C. MORAIS)

Autor

Amazônia (Belém do Pará)

OBRAS EXCLUSIVAS DO AUTOR

01. Justiça e Direitos Fundamentais (Proteção do Trabalho da Mulher). São Paulo: LTr, 2023.

02. Liberdade Filosófica (Humanismo). São Paulo: Dialética, 2023.

03. A Balança do Tempo (Humanidades). São Paulo: Dialética, 2022.

04.Humanismo. E depois de ontem... (Ensaios). Curitiba: Alteridade, 2021.

05. Previdência e Dignidade Humana (A caminho do Estado mínimo:). São Paulo: LTr, 2020.

06. Proteção dos Direitos Humanos Fundamentais — perspectivas na sociedade tecnológica de risco. Porto Alegre: Sergio Antonio Fabris, editor: 2019.

07. Previdência Social na Consolidação das Leis do Trabalho. São Paulo: LTr, 2018.

08. Direitos humanos fundamentais e a Justiça Constitucional brasileira. Rio de Janeiro: Lumen Juris, 2017.

09. Inclusão previdenciária — uma questão de justiça social. São Paulo: LTr, 2015.

10. Competência da Justiça Federal do Trabalho e a efetividade do direito fundamental à previdência. São Paulo: LTr, 2014.

11. Teoria da prescrição das contribuições sociais na decisão judicial trabalhista. São Paulo: LTr, 2013 (1ª edição) e 2015 (2ª edição).

12. Execução previdenciária trabalhista e a competência da Justiça Federal do Trabalho. São Paulo: LTr, 2010.

13. Dos dilemas e da Arte de Julgar. São Paulo: LTr, 2008.

Tópico 01

VALOR DO TRABALHO HUMANO

1.1. Valor social do trabalho humano na visão da Organização Internacional do Trabalho

Desde a fundação da Organização Internacional do Trabalho (OIT), em 28 de junho de 1919, como parte do Tratado de Versalhes, já foram adotadas 189 convenções internacionais e 205 recomendações sobre a proteção ao trabalho humano em seus variados aspectos, todas na perspectiva do aperfeiçoamento das legislações trabalhistas, na proteção à saúde dos trabalhadores e na criação de políticas econômicas, sociais e trabalhistas.

Destas convenções, o Brasil — que é um dos países fundadores da Organização Internacional do Trabalho — ratificou 98 convenções[1], mas depois

---

(1) Convenções Internacionais da OIT ratificadas pelo Brasil: n. 3, n. 4, n. 5, n. 6, n. 7, n. 11, n. 12, n. 14, n. 16, n. 19, n. 21, n. 22, n. 26, n. 29, n. 41, n. 42, n. 45, n. 52, n. 53, n. 58, n. 80, n. 81, n. 88, n. 89, n. 91, n. 92, n. 93, n. 94, n. 95, n. 96, n. 97, n. 98, n. 99, n. 100,

denunciou 11 delas[2]. As convenções denunciadas perdem a eficácia jurídica na ordem jurídica interna, enquanto que, conforme já anotei no primeiro número da coleção Direitos Fundamentais e Justiça, dedicado exclusivamente à Proteção do Trabalho da Mulher,

---

n. 101, n. 102, n. 103, n. 104, n. 105, n. 106, n. 107, n. 108, n. 109, n. 110, n. 111, n. 113, n. 115, n. 116, n. 117, n. 118, n. 119, n. 120, n. 122, n. 124, n. 125, n. 126, n. 127, n. 131, n. 132, n. 133, n. 134, n. 135, n. 136, n. 137, n. 138, n. 139, n. 140, n. 141, n. 142, n. 144, n. 145, n. 146, n. 147, n. 148, n. 151, n. 152, n. 154, n. 155, n. 158, n. 159, n. 160, n. 161, n. 162, n. 163, n. 164, n. 166, n. 167, n. 168, n. 169, n. 170, n. 171, n. 174, n. 176, n. 178, n. 182, n. 185, n. 186 e n. 189 . Disponível em: https://www.ilo.org/brasilia/convencoes/lang—pt/index.htm. Acesso em: 30 jan. 2024.

(2) As convenções denunciadas pelo Brasil: C003 (Convenção relativa ao Emprego das Mulheres antes e depois do parto (Proteção à Maternidade), denunciada como resultado da ratificação da Convenção n. 103 em 26.07.1961; C004 — Convenção relativa ao Trabalho Noturno das Mulheres, denunciada em 12.05.1937; C005 — Idade Mínima de Admissão nos Trabalhos Industriais, denunciada, como resultado da ratificação da Convenção n. 138 em 28.05.2001; C007 — Convenção sobre a Idade Mínima para Admissão de Menores no Trabalho Marítimo (Revista em 1936, denunciada omo resultado da ratificação da Convenção n. 58 em 09.01.1974; C041 — Convenção Relativa ao Trabalho Nocturno das Mulheres (Revista, 1934), denunciada como resultado da ratificação da Convenção n. 89 em 24.04.1957; C052 — Férias Remuneradas, denunciada como resultado da ratificação da C onvenção n. 132 em 23.09.1998; C058 — Idade Mínima no

> "Todas as convenções e tratados da Organização Internacional do Trabalho — relativas ao trabalho e repercussões sociais, que foram ratificadas pelo Brasil e ainda não denunciadas — aplicam-se às condições gerais de proteção do trabalho humano no Brasil."(3)

A ratificação interna de uma convenção segue aos seguintes procedimentos: aprovação por meio de um Decreto Legislativo do Congresso Nacional, rati-

---

Trabalho Maríti; C091 — Férias Remuneradas dos Marítimos (Revista), em (Revista), denunciada como resultado da ratificação da Convenção n. 138 em 26.05.2001; denunciada como resultado da ratificação da Convenção n. 146 em 24.09.1998; C101 — Férias Remuneradas na Agricultura, denunciada como resultado da ratificação da Convenção n. 132 em 23.09.1998; C107 — Populações Indígenas e Tribais, denunciada como como resultado da ratificação da Convenção n. 169 em 25.07.2002; C108 — Documentos de Identidade dos Marítimos, denunciada como resultado da ratificação da Convenção n. 185, em 21.01.2010; C110 — Convenção sobre as Condições de Emprego dos Trabalhadores em Fazenda, denunciada em enunciada em 28.08.1970; C158 — Término da Relação de Trabalho por Iniciativa do Empregador, denuncada em em 20.11.1996. OIT. Disponível em: https://www.ilo.org/brasilia/convencoes/lang—pt/index.htm. Acesso em: 30 jan. 2024.

(3) MORAIS, Océlio de Jesús C. São Paulo: LTr, 2023. p. 47.

ficação e a promulgação também por meio de Decreto, quando então passa a ter vigência nacional no território nacional, mas também sendo obrigatório o registro na própria Repartição Internacional do Trabalho.

E quando os tratados e convenções internacionais sobre direitos humanos são aprovados em cada Casa do Congresso Nacional, em dois turnos, por três quintos dos votos dos respectivos membros, "serão equivalentes às emendas constitucionais", conforme previsto no § 3º do art. 5º, da Constituição Federativa vigente.

Essa qualidade — equivalência às emendas constitucionais — ainda para os fins da ordem jurídica interna, confere aos tratados e às convenções ratificados, nos termos do § 3º do art. 5º, a prevalência sobre as normas infraconstitucionais na mesma matéria, consoante a lógica constitucional do processo legislativo previsto no art. 58, também da Constituição vigente.[4]

---

(4) Art. 59. O processo legislativo compreende a elaboração de: I — emendas à Constituição; II — leis complementares; III —

Em termos práticos, tem-se o seguinte: a ratificação de tratados e convenções internacionais com matérias sobre direitos humanos pelo Congresso Nacional vedará — também como consequência da normatividade constitucional brasileira vigente — a apresentação e a aprovação de emendas tendentes a abolir os direitos e garantias individuais, consoante a expressa vedação no inciso IV do art. 60, da Carta Magna.

As convenções da Organização Internacional do Trabalho, porque se referem à proteção ao trabalho humano e à proteção social dos trabalhadores, cuidam de direitos e garantias individuais e coletivos. Essa visão protetiva é constatada, por exemplo, nas 10 convenções que tratam especificamente da proteção do trabalho humano em face do acidente do trabalho e, ainda, em duas importantes declarações: uma,

---

leis ordinárias; IV — leis delegadas; V — medidas provisórias; VI — decretos legislativos; VII — resoluções. Constituição da República Federativa do Brasil, de 5 de outubro de 1988. Presidência da República. Casa Civil. Subchefia para assuntos jurídicos. Disponível em: https://www.planalto.gov.br/ccivil_03/constituicao/constituicao.htm. Acesso em: 30 jan. 2014.

a "Declaração dos Direitos e Princípios Fundamentais no Trabalho" e a "Declaração Sobre Justiça Social para uma Globalização Equitativa".

As convenções sobre acidente do trabalho, a Declaração dos Direitos e Princípios Fundamentais no Trabalho e a Declaração Sobre Justiça Social para uma Globalização Equitativa destacam o pensamento social da Organização Internacional do Trabalho para o mundo do trabalho.

O núcleo fundamental das convenções que trata sobre acidente do trabalho pode ser assim resumido: núcleo relativo à segurança no trabalho e a proteção à saúde dos trabalhadores; núcleo relativo à necessidade de se colocar em prática os direitos e garantias individuais previstos nas convenções ratificadas e o núcleo relativo à necessidade de ampliação dos direitos e princípios protetivos ao trabalho humano.

Especificamente como cada uma das 10 Convenções [C012, C019, C042, C102, C134, C139, C152, C155, C167 e C174] recomenda que deve ser a proteção do trabalho humano em face dos riscos do acidente do trabalho é o que se verá a seguir.

A Convenção 012 — que foi aprovada pelo Decreto Legislativo n. 24, de 29 de maio de 1956, do Congresso Nacional, ratificada em 25 de abril de 1957 e promulgada pelo Decreto n. 41.721, de 25 de junho de 1957 — entrou em vigor no plano nacional apenas em 25 de abril de 1958. E continua vigente.

Tratando da "Indenização por Acidente do Trabalho na Agricultura", a Convenção 012" adota proposições à proteção dos trabalhadores agrícolas contra acidentes", tornando-a vinculante, aos países que a ratificaram, com o comprimisso para "estender a todos os assalariados agrícolas o benefício das leis e regulamentos que têm por objeto indenizar as vítimas de acidentes ocorridos no trabalho ou no curso do trabalho", conforme previsto no art. 1º.

A Convenção 019 cuida da "Igualdade de Tratamento (Indenização por Acidente de Trabalho)". Está em vigor no âmbito interno desde o dia 25 de abril de 1958, depois que foi aprovada pelo Decreto Legislativo n. 24, de 29.05.1956, do Congresso Nacional, com ratificação em 25 de abril de 1957 e promulgação pelo Decreto n. 41.721, de 25.06.1957.

O principal objetivo desta convenção é, em razão da circulação internacional de trabalhadores, garantir os direitos relativos "à igualdade de tratamento dos trabalhadores estrangeiros e nacionais vítimas de acidentes de trabalho".

Na prática, a Convenção 019, em face do país que a ratificou, o compromete a indenizar outro nacional vítima de acidentes de trabalhos, seja em atividade temporária ou intermitente, "ocorridos em seu território ou em território sob sua dependência".

Já a Convenção 042 — "Indenização por Enfermidade Profissional" — cuida dos acidentes do trabalho por entidades mórbidas, no Brasil conhecidos como doença do trabalho, doença profissional e concausa, previstos na Lei n. 8.213 de 1991.

Por esta convenção, desde 8 de junho de 1937 o Brasil obrigou-se

> "a garantir às vítimas de enfermidades profissionais, ou a quem tiver seus direitos, uma indenização baseada nos princípios

gerais da legislação nacional sobre indenização por acidentes de trabalho."

No Brasil, a Convenção 042, foi aprovada pelo Decreto Legislativo n. 9, de 22.12.1935, do Congresso Nacional, ratificada em 8 de junho de 1936 e com promulgação pelo Decreto n. 1.361, de 12.01.1937.

Dispondo sobre "Normas Mínimas da Seguridade Social" — aprovada na 35ª reunião da Conferência Internacional do Trabalho (Genebra — 1952) — a Convenção 102 da Organização Internacional do Trabalho é, seguramente, uma das mais importantes já ratificadas pelo Brasil em 15 de junho de 2009, depois que foi aprovada pelo Decreto Legislativo n. 269, de 19.09.2008, do Congresso Nacional.

A Convenção 102 adota 8 artigos, com diversos incisos e alíneas, na "Parte IV, para tratar das necessárias prestações trabalhistas e securitárias em caso de acidentes do trabalho e de doenças profissionais.

A referida convenção assegura às pessoas amparadas prestações em caso de acidentes de trabalho e de doenças profissionais, por exemplo, nas seguintes situações:

> estado mórbido; incapacidade para o trabalho decorrente de um estado mórbido tendo como resultado a suspensão dos ganhos tal como está definida pela legislação nacional; perda total da capacidade de ganho ou perda parcial da capacidade de ganho ultrapassando um limite determinado, quando for provável que esta perda total ou parcial seja permanente; ou diminuição correspondente da integridade física; perda dos meios de subsistência sofrida pela viúva ou filhos em conseqüência da morte do arrimo de família; no caso da viúva, o direito à prestação pode estar em conformidade com a legislação nacional, de que ela é incapaz de prover ao seu próprio sustento.

A Convenção 102 prevê assistência e tratamento médico integral às pessoas amputadas ou não, desde a ocorrência do evento incapacitante até a sua recuperação integral. E, no caso de "incapacidade para o trabalho ou à perda total ou parcial da capacidade de ganho" ou no caso de óbito, a Convenção 102 prevê que haverá uma "prestação correspondente a um pagamento periódico" para a viúva e aos filhos do falecido.

A Convenção 134 adota regras à "Prevenção de Acidentes do Trabalho dos Marítimos" ao trabalho a bordo e nos portos. No Brasil, foi aprovada pelo Decreto Legislativo n. 43, de 10.04.1995 foi ratificada em 25 de julho de 1996 e promulgada pelo Decreto n. 3.251, de 17.11.1999 .

A Convenção 134 recomenda que os países-membros adotem legislações específicas à proteção do trabalho marítimo diante dos riscos inerentes deste trabalho e modo de execução, executado "a bordo dos navios no mar e nos portos".

"A Prevenção e Controle de Riscos Profissionais Causados por Substâncias ou Agentes Cancerígenos" é o objetivo protetivo da Convenção 139, cuja principal recomendação da Organização Internacional do Trabalho, aos países-membros, é a necessidade de "prevenção e controle dos riscos profissionais causados por material cancerígeno, que exponham aos riscos os trabalhadores durante o seu trabalho.

A Convenção 134 recomenda que, nas atividades com substâncias cancerígenas, a "exposição deve ser reduzido ao mínimo compatível com a segurança."

O Congresso Nacional aprovou a Convenção por meio do Decreto Legislativo n. 3, de 07.05.1990, com ratificação em 27 de junho de 1990 e promulgação em Decreto n. 157, de 02.06.1991. Está em vigor no Brasil desde 27 de junho de 1991.

A temática da Convenção 152 é a "Segurança e Higiene dos Trabalhos Portuários", especificamente para implementar "controles indispensáveis para garantir a proteção dos trabalhadores contra os riscos de acidente ou de prejuízos para a saúde que resultem de seu emprego".

Em vigor no Brasil em 17 de maio de 1991, porque foi aprovada pelo Decreto Legislativo n. 84, de 11.12.1989, do Congresso Nacional e com promulgação pelo Decreto n. 99.534, de 19.09. 1990, dentre outras, a Convenção 152 recomenda "a investigação em caso de acidente de trabalho e doença profissional" e "a formação dos trabalhadores", com "a organização da segurança e da higiene". Por sua vez, a Convenção 155 tem por finalidade

> "prevenir os acidentes e os danos à saúde que forem conseqüência do trabalho que tenham relação com a atividade de trabalho, ou se apresentarem durante o trabalho, reduzindo ao mínimo, na medida que for razoável e possível, as causas dos riscos inerentes ao meio-ambiente de trabalho." (SIC).

Ela cuida e adota, mas também recomenda a adoção de regras internas para a "Segurança e Saúde dos Trabalhadores" diante dos riscos de acidente do trabalho e doenças profissionais "ou outros danos à saúde ocorridos durante o trabalho ou com relação com o mesmo".

Preocupa-se, esta convenção, com a concausa, aquelas doenças preexistentes que são agravadas em razão do trabalho humano. A convenção recomenda a adoção de equipamentos de proteção individual eficientes e adequados.

"Os empregadores deveriam fornecer roupas e equipamentos de proteção adequados a fim de prevenir, na medida que for razoável e possível, os riscos de acidentes ou de efeitos prejudiciais para a saúde", recomenda a referida Convenção 155, em vigor no Brasil desde 18 de maio de 1993, tendo sido aprovada pelo Decreto Legislativo n. 2, de 17.03.1992, do Congresso Nacional, ratificada em 18 de maio de 1992 e promulgada pelo Decreto n. 1.254, de 29.09.1994.

A Convenção 167 "sobre a Segurança e Saúde na Construção" também visa prevenir acidentes e as doenças profissionais, mas notadamente objetiva a preservação da saúde do trabalhador da construção (ou edificações) de qualquer natureza, inclusive em "obras públicas" e nos "trabalhos de montagem e desmonte" por meio de "qualquer processo, operação e transporte nas obras, desde a preparação das obras até a conclusão do projeto".

No que se refere às medidas de proteção e de segurança nos locais de trabalho, a Convenção 167, faz três recomendações especiais:

> "1. Deverão ser adotadas todas as precauções adequadas para garantir que todos os locais de trabalho sejam seguros e estejam isentos de riscos para a segurança e saúde dos trabalhadores.
>
> 2. Deverão ser facilitados, mantidos em bom estado e sinalizados, onde for preciso, meios seguros de acesso e de saída em todos os locais de trabalho.
>
> 3. Deverão ser adotadas todas a precauções adequadas para proteger as pessoas presentes em uma obra, ou em suas imediações, de todos os riscos que possam se derivar da mesma.

Tendo sido aprovado o Decreto Legislativo n. 61, de 18.04.2006, do Congresso Nacional, ratificado em 19 de maio de 2006 e promulgado pelo Decreto n. 6.271, de 22.11.2007, a Convenção 167 está vigente no Brasil desde 19.04.2007.

Outra convenção relativa à prevenção de acidente do trabalho e doenças profissionais é a de n. 174, que está em vigor no Brasil desde 02 de agosto de

2002, pois foi aprovada pelo Congresso Nacional em 28.06.2001 (Decreto Legislativo n. 246), ratificada em 02 de agosto de 2001, com promulgação pelo Decreto n. 4.085, de 15.01.2002.

Denominada "Prevenção de Acidentes Industriais Maiores" diante dos acidentes industriais, "que envolvam substâncias perigosas e a limitação das conseqüências desses acidentes", a convenção "tem por objeto a prevenção de acidentes industriais maiores que envolvam substâncias perigosas e a limitação das conseqüências desses acidentes", especificadamente:

"a) prevenir acidentes maiores;

b) reduzir ao mínimo os perigos de acidentes maiores;

c) reduzir ao mínimo as conseqüências desses acidentes maiores".

Na Convenção 174, a Organização Internacional do Trabalho, além da proteção necessária aos trabalhadores das indústrias, também recomenda a adoção de medidas à "proteção para instalações com maior risco de acidentes", bem como recomenda, "onde for possível", a utilização de melhores tecnologias de segurança" à execução do trabalho com segurança.

A visão social da Organização Internacional do Trabalho nas referidas convenções, construída há mais de um século, é ratificada, por exemplo, na "Declaração sobre os princípios e direitos fundamentais no trabalho", emitida em 19 de junho de 1998, onde adota as seguintes prioridades relativas à justiça social no mundo do trabalho:

> "a liberdade sindical e o reconhecimento efetivo do direito de negociação coletiva; a eliminação de todas as formas de trabalho forçado ou obrigatório; a abolição efetiva do trabalho infantil; e a eliminação da discriminação em matéria de emprego e ocupação"(5)

---

(5) OIT. Declaração sobre os princípios e direitos fundamentais no trabalho. Disponível em: https://www.ilo.org/public/english/standards/declaration/declaration_portuguese.pdf. Acesso em: 30 jan. 2023.

Na mesma Declaração, a Organização Internacional do Trabalho, ao destacar que "o crescimento econômico é essencial", por outro lado, o também reconhece que o crescimento econômico "é insuficiente para assegurar a eqüidade, o progresso social e a erradicação da pobreza".

Por isso, destacou "a necessidade" de se promoverem "políticas sociais sólidas, a justiça e instituições democráticas", por exemplo, a implementação de "promover políticas eficazes destinadas à criação de emprego", com o objetivo de "manter o vínculo entre progresso social e crescimento econômico, a garantia dos princípios e direitos fundamentais no trabalho".

Na "Declaração sobre a Justiça social para uma Globalização Eqüitativa, 2008"(6), emitida na Conferência Internacional do Trabalho, reunida em Genebra durante sua 97ª reunião, a Organização Internacional do Trabalho reafirma a seu compromisso para

---

(6) International Labour Organization. Disponível em: https://www.ilo.org › documents. Wcms_336918. PDF. Acesso em: 30 jan. 2024.

> "responder à aspiração universal de justiça social, alcançar o pleno emprego, assegurar a sustentabilidade das sociedades abertas e da economia mundial, conquistar a coesão social e lutar contra a pobreza e as desigualdades crescentes"[7].

Aos países-membros, a Organização Internacional do Trabalho recomenda que sejam examinadas e consideradas "à luz do objetivo fundamental de justiça social, todas as políticas econômicas e financeiras internacionais".

O objetivo é a promoção dos "valores fundamentais de liberdade, dignidade humana, justiça social, seguridade e não-discriminação são essenciais para um desenvolvimento e uma eficácia sustentáveis em matéria econômica e social", notadamente "para uma globalização justa e eqüitativa", a qual não pode perder de vista a promoção do "pleno emprego produtivo e de

---

(7) Cf. Declaração da OIT sobre a Justiça social para uma Globalização Eqüitativa, 2008.

trabalho digno para todos, enquanto objetivos fundamentais das suas políticas nacionais e internacionais"[8]

Mas como o Brasil, sob a perspectiva constitucional, pensa o objetivo do pleno emprego produtivo e de trabalho digno para todos, enquanto objetivos fundamentais das suas políticas nacionais?

É o que veremos a seguir.

1.2. Valor social do trabalho humano na ordem constitucional

Somente a partir da segunda Constituição republicana [a de 16 de julho de 1934[9]] é que a ordem constitucional brasileira expressa a sua preocupação social com a proteção social do trabalhador, à medida

---

(8) Declaração da OIT Sobre Justiça Social para uma Globalização Justa Adoptada pela Conferência Internacional do Trabalho na 97ª Sessão, Genebra, 10 de Junho de 20 08. Documento em PDF. Disponível em: https://www.ilo.org/lisbon/lang—pt/index.htm. Acesso em: 20 jan. 2024.

(9) BRASIL. Legislação. *Presidência da República Casa Civil. Subchefia para Assuntos Jurídicos*. Disponível em: https://www.planalto.gov.br/ccivil_03/constituicao/constituicao34.htm. Acesso em: 30 jan. 2024.

em que a Constituição do Império [de 24 de março de 1824[10]] e a Constituição da primeira República [a de 24 de fevereiro de 1891[11]] não se referem à proteção ao trabalho e nem ao trabalhador.

A Constituição Imperial não qualifica o trabalho como um direito social, mas, sim, como um direito civil dos brasileiros, pois declara apenas que "Nenhum gênero de trabalho (...) pode ser proibido", desde que "não se opponha aos costumes públicos, á segurança, e saúde dos Cidadãos"[12]. (SIC).

---

(10) BRASIL. Legislação. *Presidência da República Casa Civil. Subchefia para Assuntos Jurídicos*. Disponível em: https://www.planalto.gov.br/ccivil_03/constituicao/constituicao24.htm Acesso em: 30 jan. 2024

(11) BRASIL. Legislação. *Presidência da República Casa Civil. Subchefia para Assuntos Jurídicos*. Disponível em: https://www.planalto.gov.br/ccivil_03/constituicao/constituicao91.htm Acesso em: 30 jan. 2024

(12) Eis o artigo integral: Art. 179. A inviolabilidade dos Direitos Civis, e Politicos dos Cidadãos Brazileiros, que tem por base a liberdade, a segurança individual, e a propriedade, é garantida pela Constituição do Imperio, pela maneira seguinte. XXIV. Nenhum genero de trabalho, de cultura, industria, ou commercio póde ser prohibido, uma vez que não se opponha aos costumes publicos, á segurança, e saude dos Cidadãos.

E 67 anos depois, já em 1891, apesar da Constituição republicana, nem mesmo a ideia do trabalho como um direito civil é mantida da Carta Política do Império, visto que a referida Constituição limitou-se a declarar que competia ao Congresso Nacional legislar sobre o trabalho[13].

A Constituição de 1934, em face do emergente desenvolvimento industrial brasileiro na década de 1930, faz a reparação histórica, ao criar um rol de direitos sociais ao trabalhador da cidade e do campo, com o declarado objetivo de promover "a proteção social do trabalhador e os interesses econômicos do País", por exemplo:

> instituição do salário mínimo; proibição de diferença de salário para um mesmo trabalho, por motivo de idade, sexo, nacionalidade ou estado civil; limitação da jornada de 8 horas diárias e garantia do repouso remunerado; proibição de trabalho a menores de 14 anos; de trabalho noturno a

(13) Eis o artigo na íntegra: Art. 34. Compete privativamente ao Congresso Nacional: 28. legislar sobre o trabalho.

> menores de 16 e em indústrias insalubres, a menores de 18 anos e a mulheres; férias anuais remuneradas; instituição da previdência social mediante o regime de contrapartida; instituição da Justiça do Trabalho para dirimir questões entre empregadores e empregados, regidas pela legislação social.[14]

Foi a Constituição de 1934 que instituiu uma indenização ao trabalhador no caso de acidente do trabalho em obras públicas da União, dos Estados e dos Municípios.[15]

Mas foi apenas na Constituição de 1946[16] que são referidos como promessa garantista, e pela primeira vez, os "direitos fundamentais do homem",

---

(14) Confira os arts. 121 e 122 da Constituição da República dos Estados Unidos do Brasil de 1934.

(15) Confira no § 8º do art. 121: Nos acidentes do trabalho em obras públicas da União, dos Estados e dos Municípios, a indenização será feita pela folha de pagamento, dentro de quinze dias depois da sentença, da qual não se admitirá recurso *ex-officio*

(16) BRASIL. Legislação. *Presidência da República Casa Civil. Subchefia para Assuntos Jurídicos.* Constituição da República dos Estados Unidos do Brasil, de 18 de setembro de 1945. Disponível em: https://www.planalto.gov.br/ccivil_03/constituicao/constituicao46.htm. Acesso em: 30 jan. 2024.

conforme previsto no § 13 do art. 141, do Capítulo II (I Dos Direitos e das Garantias individuais), uma vez que a Constituição de 1937, [a do Estado Novo], adota a expressão "normas fundamentais", no inciso XXVII do art. 16, porém, não especificamente quanto ao trabalho, mas quanto "à defesa e proteção da saúde, especialmente da saúde da criança"[17].

É a Constituição de 1946 que — embora ainda não adote o princípio do pleno emprego como o faz a Constituição de 1988 no inciso 8º do art. 170 — incorpora ao pensamento social brasileiro, conforme previsto no art. 145, "princípios da justiça social, conciliando a liberdade de iniciativa com a valorização do trabalho humano".

E por esta perspectiva social, a ordem constitucional de 1946 finalmente reconheceu que "O trabalho é obrigação social", sendo por isso que deve ser garantido o "trabalho digno."[18]

---

(17) Eis na íntegra o referido dispositivo: Art. 16. Compete privativamente à União o poder de legislar sobre as seguintes matérias: XXVII — normas fundamentais da defesa e proteção da saúde, especialmente da saúde da criança.

(18) Veja-se como dispunha o referido dispositivo: Art. 145. A ordem econômica deve ser organizada conforme os princípios

Dentre os "direitos fundamentais do homem", o constitucionalismo de 1946 elencou "direitos concernentes à vida, à liberdade, a segurança individual e à propriedade (art. 141), ratificou os direitos sociais adotados na Constituição de 1934, introduziu o direito à "higiene e segurança do trabalho" (inciso VIII, art. 157) e a "obrigatoriedade da instituição do seguro pelo empregador contra os acidentes do trabalho (inciso XVII, art. 157).

E como princípio da justiça social adotou a "liberdade e os ideais de solidariedade humana" (art. 166) e ainda a "conciliação" entre a "liberdade de iniciativa com a valorização do trabalho humano" (art. 145) — este, na Constituição de 1988 é adotado como um dos princípios fundamentais ou fundamento do Estado Democrático de Direito, no art. 1º, inciso IV: "o Estado Democrático (...) tem como fundamentos os valores sociais do trabalho e da livre-iniciativa."

---

da justiça social, conciliando a liberdade de iniciativa com a valorização do trabalho humano. Parágrafo único — A todos é assegurado trabalho que possibilite existência digna. O trabalho é obrigação social.

Existe uma evidente simetria normativa e principiológica entre as Constituições de 1946 e 1988, visto que a Constituição de 1967 não altera o ideário do constitucionalismo de 1946 acerca da proteção e da valorização do trabalho humano.

Note-se que a Constituição de 1967 projeta uma organização política baseada "na garantia dos direitos fundamentais do homem" (art. 149, I) e compromete aquela ordem econômica e social aos fins da justiça social.

"A ordem econômica tem por fim realizar a justiça social, com base nos seguintes princípios", refere-se o art. 157 da Constituição de 1967, por exemplo, "a liberdade de iniciativa e a valorização do trabalho como condição da dignidade humana", conforme previsto nos incisos I e II do referido artigo.

É a vez primeira que — por toda a história registrada do constitucionalismo brasileiro até antes da vigência da Constituição de 1988 — adotou-se o princípio do "trabalho como condição da dignidade humana".

E por que esse registro é importante? Porque o "trabalho como condição da dignidade humana" é uma inovação constitucional para toda aquela ordem política, econômica e social brasileira do período de 1967 a 4 de outubro de 1988, precisamente o período do regime militar, que começa em 31 de março de 1964 até a Assembleia Nacional Constituinte de 1987, que resultou na promulgação da Constituição da República Federativa do Brasil de 5 de outubro de 1988.

Então, a Constituição que adota o trabalho humano como princípio ou "condição" da dignidade humana é, curiosamente, a Constituição do regime militar ou da "Revolução Brasileira de 31 de março de 1964" — como consta na justificativa do Ato Institucional n. 5, de 15 de dezembro de 1968[19] — o qual, apesar de manter a Constituição de 1967, por outro lado, cassou direitos políticos e deu amplos poderes ao presidente militar para fechar o Congresso Nacional e decretar o Estado de sítio.

---

(19) AI-5. *Presidência da República. Casa Civil, Subchefia para Assuntos Jurídicos.* Disponível em: https://www.planalto.gov.br/ccivil_03/ait/ait-05-68.htm. Acesso em: 30 jan. 2024.

A relevância desse histórico reconhecimento constitucional ["trabalho como condição da dignidade humana", reitere-se], vai repercutir diretamente no valor que será dado ao trabalho humano na Constituição de 1988, acerca do qual é possível identificá-lo e qualificá-lo: (a) trabalho como valor social; (b) trabalho como "primado social"; e (c) trabalho como direito humano social e fundamental.

Repercutiu de modo positivo porque — quando uma Constituição decretada e promulgada pelo regime militar adota como princípio a "valorização do trabalho como condição da dignidade humana,[20] tendo por fim realizar a justiça social" — seria um verdadeiro retrocesso uma nova Constituição (advinda do processo constituinte) desconsiderar aquele avanço constitucional.

Está no preâmbulo e no inciso IV do art. 1º da Constituição de 1988, a qualificação do trabalho como valor fundamental.

---

(20) Confira na Constituição de 1967: "Art. 157. A ordem econômica tem por fim realizar a justiça social, com base nos seguintes princípios: II — valorização do trabalho como condição da dignidade humana."

No preâmbulo — ambiente onde são enunciados os valores e os fundamentos que alicerçam e justificam a promulgação da nova Constituição — ao tempo em que os constituintes reafirmam a República Federativa como um Estado Democrático de Direito, também declaram que este Estado é destinado "a assegurar o exercício dos direitos sociais e individuais" — direitos sociais que são elevados à qualidade de "valores supremos" para a edificação

> "de uma sociedade fraterna, pluralista e sem preconceitos, fundada na harmonia social e comprometida, na ordem interna e internacional, com a solução pacífica das controvérsias, promulgamos, sob a proteção de Deus."[21]

---

(21) Eis a íntegra do Preâmbulo da Constituição de 1988: "Nós, representantes do povo brasileiro, reunidos em Assembléia Nacional Constituinte para instituir um Estado Democrático, destinado a assegurar o exercício dos direitos sociais e individuais, a liberdade, a segurança, o bem-estar, o desenvolvimento, a igualdade e a justiça como valores supremos de uma sociedade fraterna, pluralista e sem preconceitos, fundada na harmonia social e comprometida, na ordem interna e internacional, com a solução pacífica das controvérsias, promulgamos, sob a proteção de Deus, a seguinte CONSTITUIÇÃO DA REPÚBLICA FEDERATIVA DO BRASIL."

No inciso IV do art. 1º, da Constituição de 1988, "a dignidade da pessoa humana" (inciso III) e os "valores sociais do trabalho" (inciso IV) ratificam o princípio da "valorização do trabalho como condição da dignidade humana", então adotado na Constituição de 1967; mas, agora, declarando-os como Princípios Fundamentais ou fundamentos do Estado Democrático de Direito.

O trabalho humano, como um direito social definido no art. 6º do mesmo Texto Constitucional, é, desse modo, um "valor supremo" do Estado Democrático de Direito brasileiro, o que representa dizer que os direitos sociais também são valores e são fundamentos eleitos à ordem social, à economia e à ordem política brasileira.

Essa perspectiva sistêmica, necessariamente, possui completude no art. 193 (relativo ao trabalho como primado social) e no art. 6º (relativo ao trabalho como direito humano fundamental)[22].

---

(22) Sobre a temática, sugiro a leitura do livro 'Proteção dos Direitos Humanos Fundamentais — Perspectivas na sociedade tecnológica de risco", editado por "Sergio Antonio Fabris Editor", Porto Alegre, 2019.

Conforme o art. 193, da Constituição de 1988, a ordem social elegeu "como base o primado do trabalho e como objetivo o bem-estar e a justiça sociais" — opção que coloca o trabalho humano como prioridade das prioridades às soluções do problema social.

Embora essa declaração constitucional [o trabalho como primado da ordem social] seja uma extensão e ratificação da opção política feita pela Constituição de 1946 — ao reconhecer que "O trabalho é obrigação social" — a rigor, e a bem da verdade histórica, pode-se dizer que o princípio tem inspiração na Encíclica *Rerum Novarum* (1891)[(23)], e na Encíclica *Laborem Exercens* (1981)[(24)].

A *Rerum Novarum*, que trata sobre a condição dos operários, dedica um item específico à "dignidade

---

(23) PAPA LEÃO XII. Santa Sé. Carta Encíclica Rerum Novarum, do sumo pontífice Leão XIII, dada em Roma, junto de S. Pedro, a 15 de maio de 1891, no décimo quarto ano do Nosso. Disponível em: https://www.puc-campinas.edu.br/wp-content/uploads/2016/03/NFC-Carta-Enciclica-rerum-novarum.pdf. Acesso em: 20 jan. 2024.

(24) PAPA JOÃO PAULO II. Santa Sé. Carta Encíclica. Laborem Exercens. Disponível em: https://www.vatican.va/content/john-paul-ii/pt/encyclicals/documents/hf_jp-ii_enc_14091981_laborem-exercens.html. Acesso em: 30 jan. 2024.

do trabalho", apontado como legítimo meio de "viver em sociedade" de forma digna e, assim, recomenda que ninguém ("os ricos ou os patrões") "não devem tratar o operário como escravo, mas respeitar nele a dignidade do homem, realçada ainda pela do Cristão", pois "A ninguém é lícito violar impunemente a dignidade do homem".[25]

Já a *Laborem Exercens*, sobre o trabalho humano e em homenagem ao 90º aniversário da *Rerum Novarum*, chama a atenção do mundo ao "problema do trabalho humano", destacando que o trabalho sempre foi o meio de realização humana e o elegendo como a "chave da questão social" ou, ainda, "a *chave essencial* de toda a questão social", sendo, desse modo,

> "a solução — ou melhor, a gradual solução — da questão social, que continuamente se reapresenta e se vai tornando cada vez mais complexa, deve ser buscada no sentido de 'tornar a vida humana mais humana' então

---

(25) *Op. cit.* Carta Encíclica *Rerum Novarum.*

por isso mesmo a chave, que é o trabalho humano, assume uma importância fundamental e decisiva.[26]"

O trabalho como primado social, que a Constituição de 1988 elege para a implementação dos objetivos do bem-estar e da justiça social, o eleva à categoria mais nobre dos direitos sociais, porque — como bem destacado pela Laborem Exercens — o trabalho é indispensável para que a vida humana seja mais humana. E, nesse sentido, no espírito da referida Encíclica e da Constituição de 1988, o trabalho humano como primado da ordem social "assume uma importância fundamental e decisiva" à realização material e espiritual da pessoa humana.

Assim, no espírito da Constituição de 1988, o trabalho como primado significa: (1) que é de maior importância em relação aos demais, sendo, portanto, o primado da política no desenvolvimento de um país; (2) que é o que está em primeiro lugar na teoria re-

---

(26) *Op. cit.* Encíclica *Laborem Exercens.*

publicana, que coloca as pessoas como prioridade da gestão pública, da gestão econômica e da gestão social.

Dada a estrutura conferida ao trabalho humano (como valor e como primado), o complemento desta visão sistemicamente orgânica é a concepção que o qualifica como direito humano social fundamental.

A qualidade de direito social fundamental atribuída ao trabalho, ao lado do direito à previdência e de outros direitos igualmente fundamentais, está no art. 6º da Constituição de 1988 — "São direitos sociais (...), o trabalho (...), na forma desta Constituição" — assim produzindo efeitos vinculantes em face dos entes públicos e privados, à medida em que está ambientado no Título II (Dos Direitos e Garantias Fundamentais).

A qualidade de direito fundamental vinculante implica os seguintes aspectos protetivos aos direitos sociais, no caso específico, ao trabalho humano:

1) Na necessária proteção contra os crimes contra a organização do trabalho, conforme art. 109, inciso VI, da Constituição vigente — cuja compe-

tência para processar e julgar as ações incumbe aos juízes federais — crimes que serão tipificados pelas seguintes condutas, conforme previsto, por exemplo, nos arts. 197, 198, 199, 202 e 2023, do Código Penal:

> atentado contra a liberdade de trabalho, atentado contra a liberdade de contrato de trabalho e boicotagem violenta, frustração de direito assegurado por lei trabalhista.[27]

O Atentado contra a liberdade de trabalho é, nos termos penais "Constranger alguém, mediante violência ou grave ameaça a exercer ou não exercer arte, ofício, profissão ou indústria, ou a trabalhar ou não trabalhar durante certo período ou em determinados dias" (art. 197, I, CPC).

Já o Atentado contra a liberdade de contrato de trabalho e boicotagem violenta, é caracterizado por "Constranger alguém, mediante violência ou grave ameaça, a celebrar contrato de trabalho, ou a não

---

(27) BRASIL. Legislação. Decreto-lei n. 2.848, de 7 de dezembro de 1940. *Presidência da República. Casa Civil. Subchefia para Assuntos Jurídicos*. Disponível em: https://www.planalto.gov.br/ccivil_03/decreto-lei/del2848compilado.htm. Acesso em: 30 jan. 2024.

fornecer a outrem ou não adquirir de outrem matéria-prima ou produto industrial ou agrícola", conforme previsão do art. 198, do Código Penal.

No caso específico da "frustração de direito assegurado por lei trabalhista," — cujo tipo penal, nos termos do art. 203 do Código Penal, é "frustrar, mediante fraude ou violência, direito assegurado pela legislação do trabalho" — tem-se concretamente "os atos praticados com o objetivo de desvirtuar, impedir ou fraudar a aplicação dos preceitos contidos na presente Consolidação ", de que trata o art. 9º da Consolidação das Leis do Trabalho.

Por exemplo, são os casos de verdadeiro trabalho subordinado, contínuo e remunerado, mas sem o contrato anotado, os pagamentos salariais por fora dos contracheques, a falta de recolhimento dos depósitos do FGTS e das contribuições sociais da relação de emprego respectiva e a sujeição do trabalhador ao limbo trabalhista previdenciário.

2) Outro aspecto protetivo ao trabalho humano na qualidade de direito social fundamental, é obrigatória

adoção de medida contra o trabalho forçado, previsto na alínea *c* do inciso XLVII do art. 5º da Constituição vigente.

Isso decorre da ratificação da Convenção n. 182/1999, da Organização Internacional do Trabalho, que trata da proibição e eliminação das piores formas de trabalho infantil, incluindo a escravidão, o trabalho forçado e o tráfico de crianças. Proíbe a utilização de crianças em conflitos armados, a prostituição, a pornografia e atividades ilícitas, como tráfico de drogas e trabalhos perigosos.

A referida convenção, que está em vigor no Brasil desde 02 de fevereiro de 2001, foi aprovada Decreto Legislativo n. 178, de 14.12.1999, do Congresso Nacional e ratificada 02 de fevereiro de 2000; com promulgação pelo Decreto n. 3.597, de 12.09.2000.

3) Um terceiro aspecto protetivo que a qualificação de direito social fundamental confere ao trabalho humano é, conforme inciso XXVIII do art. 7º da Constituição vigente, a obrigatória contratação de seguro contra acidentes de trabalho, a cargo do empregador,

sem excluir a indenização a que este está obrigado, quando incorrer em dolo ou culpa.

Este dispositivo que ratifica as convenções da Organização Internacional do Trabalho que tratam do acidente do trabalho e mantém o mesmo espírito protetivo do art. 158, XVII (relativo ao seguro obrigatório pelo empregador contra acidentes do trabalho) da Constituição de 1967, nela previsto como um direito aos trabalhadores, visando à melhoria de sua condição social.

4) A contratação do seguro contra acidentes de trabalho, a cargo do empregador, ainda na perspectiva protetiva do direito fundamental ao trabalho, está associada à necessidade na redução dos riscos inerentes ao trabalho, por meio de normas de saúde, higiene e segurança, direito também previsto no inciso XXII do art. 7º.

A par de tudo isso, conforme já destaquei alhures,

> "incluídos como direitos e garantias fundamentais na CRFB/1988, os direitos sociais passam a ser o núcleo, não apenas formal,

mas sobretudo o núcleo substancial da Constituição pátria, que é a dignidade da pessoa humana".[28]

1.3. *Valor social do trabalho nas Normas Regulamentadoras e na Consolidação das Leis do Trabalho*

Nas normas infraconstitucionais — aqui exemplificaremos com a Consolidação das Leis do Trabalho (CLT) e com Normas Regulamentadoras — o conteúdo protetivo em relação ao trabalho humano apresenta a seguinte estrutura: (a) normas administrativas; (b) normas jurídicas.

A CLT contém normas administrativas e normas jurídicas e as Normas Regulamentadoras especificam tecnicamente as questões relativas à medicina e segurança do trabalho. Ambas são normas gerais de tutela do trabalho.

---

(28) MORAIS, Océlio de Jesús C. *Competência da Justiça Federal do Trabalho e a efetividade do direito fundamental à previdência*. São Paulo: LTr, 2014. p. 158.

As normas administrativas, na Consolidação das Leis do Trabalho, albergam as obrigações relativas, por exemplo: (a) à anotação na CTPS para fins de prova do tempo de serviço perante a Previdência Social; (b) à fiscalização, pela Superintendência Regional do Ministério do Trabalho, promover a fiscalização do cumprimento das normas de segurança e medicina do trabalho; (c) à competência para impor as penalidades cabíveis por descumprimento das normas constantes na CLT.

As Normas Jurídicas da Consolidação das Leis do Trabalho são aquelas normas que regulam as relações individuais e coletivas de trabalho e objetivam a garantia e exercício do direito ou prevenção da lesão ao direito. São relativas à regulamentação dos direitos trabalhistas e previdenciários específicos decorrentes do trabalho humano.

Por sua vez, as Normas Regulamentadoras impõem obrigações em face das empresas e dos empregados. São os casos, por exemplo, da NR-7 (PCMSO — Programa de Controle Médico e Saúde Ocupacional), da NR-9 (PPRA), da NR-15 (Operações Insalubres) e da NR-16 (Operações perigosas).

O antigo PPRA, desde o dia 10 de março de 2020, devido à Portaria n. 6.735 do Ministério da Economia, passa a ser Programa de Gerenciamento de Riscos (PGR)[29], agora com um objetivo ampliado, conforme descrito no item 9.1 da Portaria: "estabelecer os requisitos para a avaliação das exposições ocupacionais a agentes físicos, químicos e biológicos quando identificados no Programa de Gerenciamento de Riscos — PGR, previsto na NR-1, e subsidiá-lo quanto às medidas de prevenção para os riscos ocupacionais."

As normas Regulamentadoras impõem obrigações em face das empresas e dos empregados. Em face das empresas, em especial, verificam-se as obrigações específicas nos incisos I a IV do art. 157, da Consolidação das Leis do Trabalho.

---

(29) Ministério da Economia. Secretaria Especial de Previdência e Trabalho. Portaria n. 6.735, de 10 de março de 2020. Publicada no Diário Oficial da União de 12.03.2020 — Seção 1). Disponível em: Portaria_SEPRT_6.735_(Altera_a_NR_09).pdf . Acesso em: 30 jan. 2024.

> Art. 157. Cabe às empresas: I — cumprir e fazer cumprir as normas de segurança e medicina do trabalho; II — instruir os empregados, através de ordens de serviço, quanto às precauções a tomar no sentido de evitar acidentes do trabalho ou doenças ocupacionais; III — adotar as medidas que lhes sejam determinadas pelo órgão regional competente; IV — facilitar o exercício da fiscalização pela autoridade competente.

As regras são autoexplicativas, isto é, tudo está bem claro quanto aos objetivos da norma: destacar a responsabilidade jurídica das empresas acerca das medidas individuais e coletivas de medicina e segurança do trabalho e também "para promover e garantir a efetiva aplicação das Normas Internacionais do Trabalho", por exemplo, as convenções ratificadas, promulgadas e vigentes internamente: Convenção 55 (sobre Segurança e Saúde dos Trabalhadores), Convenção 161 (Serviços de Saúde do Trabalho) e Convenção 187 (sobre o Quadro Promocional para a Segurança e a Saúde no Trabalho), relativas à segurança e saúde no Trabalho.

As normas regulamentadoras guardam simetria com o art. 58 da Lei n. 8.213, de 1991, que trata da relação e da comprovação dos agentes nocivos, impondo em face da empresa, nos termos do § 4º do referido artigo, a obrigação de

> "elaborar e manter atualizado perfil profissiográfico abrangendo as atividades desenvolvidas pelo trabalhador e fornecer a este, quando da rescisão do contrato de trabalho, cópia autêntica desse documento".

São normas que se aplicam — ainda por força das convenções ratificadas — a todas as áreas ou ramos de atividade econômica.

O objetivo protetivo da Consolidação das Leis do Trabalho e das Normas Regulamentadoras — por exemplo, NR-7 (PCMSO), NR-9 (PPRA = PGR), NR-15 (Operações Insalubres), NR-16 (Operações perigosas) — é, como perspectiva finalística, a dignidade humana. Por essa razão, as normas também possuem conteúdo impositivo em face dos empregados, como são os casos dos deveres específicos que incumbem e são impostos em face aos empregados nos incisos do art. 158 celetista:

> Art. 158. Cabe aos empregados: I — observar as normas de segurança e medicina do trabalho, inclusive as instruções

de que trata o item II do artigo anterior; II — colaborar com a empresa na aplicação dos dispositivos deste Capítulo.

Isso quer dizer que o empregado não é um simples colaborador quanto à observância das normas de segurança, mas um corresponsável pelo seu eficaz implemento. E por quê? Porque, notadamente, ele pode ser o principal afetado no exercício das atividades de riscos e o zelo na utilização dos equipamentos de proteção individual é um dever funcional, mas também uma precaução contra os riscos que atentem contra a sua própria vida.

Por isso, constitui ato faltoso do empregado a recusa injustificada do empregado, quanto à observância das instruções expedidas pelo empregador e nos casos de desleixo quanto ao uso dos equipamentos de proteção individual fornecidos pela empresa.

Disso tudo resulta que as medidas administrativas e jurídicas de proteção do trabalho comprometem conjuntamente o órgão fiscalizador, a empresa e o empregado.

A exigência do trabalho seguro expõe e projeta teleologicamente a seguinte finalidade: neutralizar ou eliminar as atividades de riscos à saúde do trabalhador; evitar acidentes do trabalho; prevenir o adoecimento e mortes dos trabalhadores em razão das atividades laborativas.

Nossa tarefa, na segunda parte, será verificar tecnicamente a tipificação do Acidente do Trabalho e acidentes por entidades mórbidas, verificar o pensamento do Tribunal Superior do Trabalho (Orientações Jurisprudenciais e Súmulas) e o pensamento do Supremo Tribunal Federal (Súmulas) sobre a matéria.

Tópico 02

ACIDENTE DO TRABALHO E PROTEÇÃO

2.1. Acidente do Trabalho e entidades mórbidas

A Consolidação das Leis do Trabalho é lacunosa, pois não oferece um conceito acerca do acidente do trabalho, nem sobre as doenças profissionais, do trabalho ou sobre concausa. Por apenas 04 vezes, a Consolidação das Leis do Trabalho se refere ao acidente do trabalho no § 1º do art. 4º; no inciso III do art. 40, no inciso III do art. 131 e no inciso II do art. 157.

O § 1º do art. 4º dispõe sobre o cômputo no tempo de serviço, para efeito de indenização e estabilidade, o período em que o empregado estiver por motivo de acidente do trabalho. Já o inciso III do art. 40 destaca a necessidade das corretas e tempestivas anotações na CTPS (ou no contrato de trabalho digital), visto que as anotações servirão "para o cálculo de indenização por acidente do trabalho ou moléstia profissional".

O inciso II do art. 131 proíbe o desconto salarial — porque não é considerado falta ao serviço, a ausência do empregado por motivo de acidente do trabalho, enquanto que o inciso III do art. 157 impõe às empresas "instruir os empregados, através de ordens de serviço, quanto às precauções a tomar no sentido de evitar acidentes do trabalho ou doenças ocupacionais."

Dada a lacuna na Consolidação das Leis do Trabalho, relativamente à conceituação do acidente do trabalho típico e dos acidentes por entidades mórbidas, os casos judiciais respectivos são investigados e examinados à luz dos arts. 19, 20 e 21 da Lei n. 8.213, de 1991.

No art. 19 está o conceito relativo ao acidente do trabalho típico:

> "Acidente do trabalho é o que ocorre pelo exercício do trabalho a serviço de empresa ou de empregador doméstico ou pelo exercício do trabalho dos segurados referidos no inciso VII do art. 11 desta Lei, provocando lesão corporal ou perturbação funcional que cause a morte ou a perda ou redução, permanente ou temporária, da capacidade para o trabalho[30].

---

(30) BRASIL. Legislação. Lei n. 8.213, de 24 de julho de 1991. *Presidência da República. Casa Civil. Subchefia para Assuntos Ju-*

A par deste dispositivo, quatro são os requisitos necessários à tipificação de um acontecimento ou uma ocorrência seja enquadrado na condição legal de acidente do trabalho:

Primeiro requisito: A comprovação da prestação de serviço.

O acontecimento ou o evento deve ser resultante do exercício do trabalho a serviço de empresa ou de empregador doméstico, o que implica necessariamente a condição de empregado inscrito como segurado obrigatório do Regime Geral de Previdência Social (RGPS); 2) deve ser decorrente do exercício do trabalho dos segurados referidos no inciso VII do art. 11 desta Lei.

Segundo requisito: A comprovação da qualidade de segurado obrigatório como empregado ou mesmo como segurado especial.

A condição para tipificar o acidente do trabalho é, então, no caso do inciso VII do art. 11, o trabalho efeti-

---

rídicos. Disponível em: L8213compilado (planalto.gov.br). Acesso em: 10 jan. 2024.

vo na condição de segurado especial, ou seja, "a pessoa física residente no imóvel rural ou em aglomerado urbano ou rural próximo a ele que, individualmente ou em regime de economia familiar, ainda que com o auxílio eventual de terceiros.

Na hipótese da relação de emprego, de que trata o art. 442, da Consolidação das Leis do Trabalho — "Contrato individual de trabalho é o acordo tácito ou expresso, correspondente à relação de emprego" — portanto, falta de anotação na CTPS ou no contrato de trabalho digital e inexistência da qualidade de segurado obrigatório, mas tendo ocorrido o acidente do trabalho, será necessária a regularização jurídica da condição de emprego e da qualidade de segurado, seja de modo espontâneo pela empresa ou por meio de uma reclamação trabalhista.

A comprovação de segurado obrigatório é condição indispensável à habilitação a qualquer prestação ou benefícios previdenciários.

Terceiro requisito: Comprovação da lesão incapacitante para o trabalho ou morte.

O evento — pelo exercício do trabalho a serviço de empresa ou de empregador doméstico (pelo empregado) ou o exercício do trabalho (pelo segurado especial) — deve resultar em lesão corporal ou perturbação funcional que cause a morte ou a perda ou redução, permanente ou temporária, da capacidade para o trabalho.

Quarto requisito: Comprovação do afastamento do trabalho por mais de 15 dias.

O evento pelo exercício do trabalho a serviço de empresa ou de empregador doméstico ou o exercício do trabalho, será assim considerado se segurado obrigatório ficar incapacitado para o seu trabalho ou para a sua atividade habitual por mais de 15 (quinze) dias consecutivos.

Portanto, e mesmo na qualidade de segurado obrigatório, se o acidente não decorre do exercício do trabalho a serviço de empresa ou de empregador doméstico ou pelo exercício do trabalho do segurado especial, mas se outro acontecimento sem relação como trabalho, à luz do art. 19, da Lei n. 8.213, de 1991, não poderá ser enquadrado como acidente do trabalho.

Resta evidente a antinomia entre a alínea "d" do inciso IV do art. 21 da Lei n. 8.213, de 1991 e o § 2º do art. 58, da Lei n. 13.467, de 2017 — antinomia jurídica que exige uma solução.

Esta questão leva à outra: a questão do tempo à disposição de que tratam os arts. 4º e o § 2º do art. 58, ambos da Consolidação das Leis do Trabalho, e o confronto com a alínea "d" do § 2º o art. 21 da Lei n. 8.213, de 1991, relativo ao acidente de percurso.

Já vimos que, nos termos do art. 19 da Lei n. 8.213, de 1991, para que seja tipificado o acidente do trabalho, um dos requisitos é o exercício do trabalho a serviço de empresa ou de empregador doméstico (pelo empregado) ou pelo exercício do trabalho (segurado especial).

Mas, o *caput* do art. 4º da Consolidação das Leis do Trabalho traz uma exceção, à medida em que considera como

> "de serviço efetivo o período em que o empregado esteja à disposição do empregador, aguardando ou executando ordens, salvo disposição especial expressamente consignada".

Na prática, isso significa que ocorrendo o evento enquanto o empregado "esteja à disposição do empregador, aguardando ou executando ordens", e se restarem comprovados os demais requisitos do art. 19, da Lei n. 8.213, de 1991, também será tipificado como acidente do trabalho.

Logo, o critério "tempo à disposição" exige o complemento: o segurado obrigatório deve estar aguardando ou executando ordens do empregador doméstico ou da empresa.

Esta regra no art. 4º da Consolidação das Leis do Trabalho é originária desde a vigência do Decreto-Lei n. 5.452, de 1º de maio de 1943, mas que entrou em vigor em 10 de novembro de 1943.

Por simetria à referida regra, a Lei n. 8. 213, de 1991, na alínea d", inciso IV, art. 21, equipara ao acidente do trabalho

> "o acidente sofrido pelo segurado ainda que fora do local e horário de trabalho no percurso da residência para o local de trabalho ou deste para aquela, qualquer que seja o meio de locomoção, inclusive veículo de propriedade do segurado".

O acidente de percurso, nesta condição, é assim equiparado pelo pensamento judicial que considera que o trajeto entre a residência para o local de trabalho ou deste para aquela, equivale a tempo à disposição do empregador.

Contudo, outro pensamento judicial, a partir da vigência da Lei n. 13.467, de 2017, considera que, para fins exclusivamente trabalhistas, deixou de existir o acidente de trajeto.

Esta interpretação adota como fundamento legal o disposto no § 2º do art. 58 da Lei n. 13.467, de 2017, o qual assim dispõe:

> Art. 58: § 2º O tempo despendido pelo empregado desde a sua residência até a efetiva ocupação do posto de trabalho e para o seu retorno, caminhando ou por qualquer meio de transporte, inclusive o fornecido pelo empregador, não será computado na jornada de trabalho, por não ser tempo à disposição do empregador.

Então, a questão fática (tempo à disposição, art. 4º, CLT) e tempo não à disposição do empregador (§ 2º do art. 58) vai repercutir nos efeitos jurídicos (trabalhistas e previdenciários) nos casos de acidente do trabalho e de acidente de qualquer natureza ou causa.

A rigor, o § 2º do art. 58 — diferentemente do art. 4º da Consolidação das Leis do Trabalho — como princípio geral somente considera e integra o trajeto na jornada de trabalho o efetivo tempo de trabalho.

Por isso, o tempo despendido pelo empregado — desde a sua residência até a efetiva ocupação do posto de trabalho e para o seu retorno — não será computado na jornada de trabalho, precisamente por não ser tempo à disposição do empregador.

Por ordem inversa, o deslocamento residência/ local de trabalho ou o retorno, será computado na jornada de trabalho, precisamente se, e quando, o empregado já (ou ainda) estiver aguardando ou executando ordens de serviços.

Então, quando o empregado-segurado não está à disposição do empregador, o pensamento judicial assentado no § 2º do art. 58, da Consolidação das Leis do Trabalho, não considera como acidente do trabalho aquele previsto na alínea "d" do inciso IV do art. 21 da Lei n. 8.213, de 1991, isto é, o acidente sofrido pelo segurado ainda que fora do local e horário de trabalho no percurso da residência para o local de trabalho ou deste para aquela.

Como consequência, a redação do § 2º do art. 58, da Consolidação das Leis do Trabalho, leva o enquadramento da ocorrência de percurso (quando o empregado segurado não está à disposição do empregador) ao disposto no art. 129-A, inciso II, alínea "b", com redação pela Lei n. 14.331, de 2022(31), e no inciso II do art. 26, da Lei n. 8. 213, de 1991 — dispositivos que diferenciam o acidente do trabalho do acidente de outra natureza.

Do conceito do acidente de trabalho típico já abordamos ao norte.

A alínea "d" do inciso II do art. 129-A se refere ao acidente de qualquer natureza como "o acidente apontado como causa da incapacidade", mas que também exige comprovação. Ou seja, o acidente não possui

---

(31) BRASIL. Legislação. Lei n. 14.331, de 4 de maio de 2022. *Presidência da República Secretaria-Geral. Subchefia para Assuntos Jurídicos*. Disponível em: L14331 (planalto.gov.br) Acesso em: 30 jan. 2024.

nexo de causalidade com a prestação de serviços ao empregador doméstico ou à empresa.

Para esta hipótese — acidente de qualquer natureza que envolva o trabalhador segurado — e para fins da proteção previdenciária justifica a concessão do auxílio-doença e até aposentadoria por invalidez — independentemente de carência — nos ternos do inciso II do art. 26 da Lei n. 8. 213, de 1991:

> "Art. 26. Independe de carência a concessão das seguintes prestações: II — auxílio-doença e aposentadoria por invalidez nos casos de acidente de qualquer natureza ou causa (...)".

Quando não se trata do típico acidente do trabalho, mas de acidente de outra natureza ou causa que decorre do tempo à disposição (quando o trabalhador-segurado está aguardando ordens), a proteção previdenciária correspondente será o auxílio-doença acidentário (art. 61, da Lei n. 8.213, de 1991), e, após a consolidação das lesões, ser-lhe-à garantido o auxílio acidente, nos termos do art. 86 da Lei n. 8. 213, de 1991:

> "Art. 86. O auxílio-acidente será concedido, como indenização, ao segurado quando, após consolidação das lesões

decorrentes de acidente de qualquer natureza, resultarem seqüelas que impliquem redução da capacidade para o trabalho que habitualmente exercia."

No caso do acidente de outra natureza ou causa — portanto, sem conexão com o trabalho ao empregador doméstico ou à empresa — para o pensamento judicial vinculado ao § 2º do art. 58 da Consolidação das Leis do Trabalho, as consequências jurídicas serão:

(a) impossibilidade de integração do tempo de afastamento na contagem de tempo de serviço, para efeito de indenização;

(b) inexistência de estabilidade acidentária de que trata o art. 118, da Lei n. 8. 213, de 1991;

(c) garantia do recebimento do auxílio-doença comum, a partir do 16º dia do afastamento até a cessação do benefício pela perícia médica da Previdência Social, desde que comprove o mínimo de 12 contribuições mensais, nos termos do inciso I do art. 25 e do art. 59, da Lei n. 8.213, de 1991:

"Art. 59. O auxílio-doença será devido ao segurado que, havendo cumprido, quando for o caso, o período de carência exigido nesta Lei, ficar incapacitado para o seu trabalho ou para a sua atividade habitual por mais de 15 (quinze) dias consecutivos."

(d) suspensão do contrato de trabalho, a partir do 16º de incapacidade ao trabalho até o efetivo retorno, asseguradas, por ocasião de sua volta, todas as vantagens que, em sua ausência, tenham sido atribuídas à categoria a que pertencia na empresa, nos termos do art. 471, da Consolidação das Leis do Trabalho.

(e) desoneração de recolher as cotas do FTS e as contribuições sociais do período de afastamento, previstas no § 5º do art. 15, da Lei n. 8.036, de 11 de maio de 1990.

(f) impossibilidade de indenização por danos materiais ou morais em favor do trabalhador-segurado.

Por outro lado, se se trata, de fato, do acidente do trabalho nos termos do art. 19 e dos acidentes do trabalho por entidades mórbidas (doença profissional, doença do trabalho ou concausa), o pensamento judicial atrelado ao art. 4º, da CLT, e à alínea "d" do inciso IV do art. 21, da Lei n. 8.213, de 1991, atribui os seguintes efeitos jurídicos:

(a) cômputo do tempo de afastamento na contagem de tempo de serviço, para efeito de indenização;

(b) garantia da percepção do benefício auxílio-doença acidentário ou ainda do auxílio-acidente previstos na Lei n. 8. 213, de 1991;

(c) garantia da estabilidade acidentária, pelo prazo mínimo de doze meses, prevista no art. 118, da Lei n. 8.213, de 1991:

> Art.118. O segurado que sofreu acidente do trabalho tem garantida, pelo prazo mínimo de doze meses, a manutenção do seu contrato de trabalho na empresa, após a cessação do auxílio-doença acidentário, independentemente de percepção de auxílio-acidente.

(d) garantia do recolhimento, pelo empregador doméstico ou pela empresa, dos depósitos do FGTS e das contribuições sociais do integral período de afastamento, nos termos do § 5º do art. 15, da Lei n. 8.036, de 11 de maio de 1990.

(e) possibilidade de condenação do empregador doméstico ou empresa a título de indenização por danos material ou moral, uma vez comprovado o ato ilícito do empregador, à luz da tese jurídica fixada no Tema 932[32], pelo Supremo Tribunal Federal, no qual afirma a "Possibilidade de responsabilização objetiva do empregador por danos decorrentes de acidentes de trabalho", pois também declara que "o art. 927, parágrafo único do Código Civil é compatível com o art. 7º, XXVIIII, da Constituição Federal[33]".

Os requisitos relativos ao conceito de acidente do trabalho, previstos no art. 19, da Lei n. 8.213, de 1991, também são exigíveis às configurações da doença profissional, da doença do trabalho e da concausa, sempre mediante a necessária perícia médica (Art.21-A, da Lei n. 8.213, de 1991) a ser realizada pelo Instituto Nacional do Seguro Social (INSS), cuja finalidade caracterizar

---

(32) BRASIL. Jurisprudência. Tema 932: Supremo Tribunal Federal. Disponível em: Tema 932 — Temas com Repercussão Geral do STF (modeloinicial.com.br). Acesso em: 30 jan. 2024.
(33) *Idem.*

> "a natureza acidentária da incapacidade quando constatar ocorrência de nexo técnico epidemiológico entre o trabalho e o agravo, decorrente da relação entre a atividade da empresa ou do empregado doméstico e a entidade mórbida motivadora da incapacidade elencada na Classificação Internacional de Doenças (CID), em conformidade com o que dispuser o regulamento."

Quanto às entidades mórbidas classificadas pela Lei n. 8. 213, de 1991 — doença do trabalho (ou ocupacional), doença do profissional e concausa — sobre eles em específico a Consolidação das Leis do Trabalho também não oferece conceitos.

De modo genérico, faz referência no art. 40, III, sobre a "moléstia profissional" (o que pode ser compreendida como a doença profissional); no art. 75-E, quando enfatiza a necessidade do empregador evitar doenças e acidentes de trabalho, e, ainda, no art. 157, II, quando também destaca a obrigação do empregador "instruir os empregados, através de ordens de serviço, quanto às precauções a tomar no sentido de evitar acidentes do trabalho ou doenças ocupacionais".

Com isso, são aplicáveis à CLT os conceitos legais atribuídos pelos incisos I e II do art. 20, onde a doença profissional e a doença do trabalho são consideradas acidentes do trabalho.

Dois são os elementos tipificadores da doença profissional: um, deve ser produzida ou gerada pelo exercício do trabalhado ao empregador doméstico ou à empresa, observado os requisitos tipificadores do art. 19 da mesma lei; outro, ainda que não seja gerada pelo exercício do trabalho, deve ser desencadeada pelo exercício do trabalho peculiar a determinada atividade.

Estes requisitos fáticos estão previstos no inciso I do art. 20, o qual define que a doença profissional aquela que é "produzida ou desencadeada pelo exercício do trabalho peculiar a determinada atividade."

Quando se refere ao "exercício do trabalho peculiar a determinada atividade", quer dizer ao modo específico de execução do trabalho, à forma, ao método, à rotina diária do trabalho — exercício peculiar que, com o passar do tempo, produz ou desencadeia a doença profissional, aquela inerente ou resultante daquela atividade.

Nos termos do inciso II do art. 20, da Lei n. 8.213, de 1991, a doença do trabalho é entendida como a "adquirida ou desencadeada em função de condições especiais em que o trabalho é realizado e com ele se relacione diretamente".

Também aqui dois são os requisitos fáticos caracterizadores: a doença adquirida ou a doença desencadeada, ambos em função de condições especiais em que o trabalho é executado.

A doença do trabalho é a doença ocupacional. Isto é, aquela relacionada diretamente ao meio ambiente do trabalho, por exemplo, as atividades ou operações em condições insalubres, periculosas ou penosas, tal como previsto nos arts. 189, 192 e 193, da Consolidação das Leis do Trabalho.

É em razão das possíveis e potenciais doenças do trabalho que o § 4º do art. 58 e o art. 133, da Lei n. 8. 213, de 1991, preveem a penalização da empresa

> "que não mantiver laudo técnico atualizado com referência aos agentes nocivos existentes no ambiente de trabalho de

seus trabalhadores ou que emitir documento de comprovação de efetiva exposição em desacordo com o respectivo laudo".

Diferentemente das hipóteses do § 1º do mesmo artigo, que não são consideradas como doenças do trabalho: "a doença degenerativa; a inerente a grupo etário; a que não produza incapacidade laborativa; a doença endêmica adquirida por segurado habitante de região em que ela se desenvolva.[34]

Mas, em relação à alínea "d" do § 1º do art. 20, há uma ressalva: apesar de, como regra geral, a doença endêmica adquirida por segurado habitante de região em que ela se desenvolva, por outro lado, poderá ser considerada doença do trabalho, desde que haja "a comprovação de que é resultante de exposição ou contato direto determinado pela natureza do trabalho."[35]

Outra exceção relevante, quanto às doenças não incluídas nas hipóteses dos incisos I e II do art. 20, da Lei n. 8. 213, de 1991, diz respeito à doença que

---

(34) Confirta-se as alíneas "a", "b", "c", "d" do § 1º do art. 20, da Lei n. 8.213, de 1991.
(35) Confira-se a exceção constante na última parte da alínea "d" do § 1º do art. 20, da Lei n. 8.213, de 1991.

"resultou das condições especiais em que o trabalho é executado e com ele se relaciona diretamente""'[36], conforme também admite o § 2º do mesmo artigo.

Portanto, sendo comprovadamente o caso do exercício laboral pelo trabalhador-segurado em condições especiais e com ele se relaciona diretamente, e desde que a atividade resulte a doença do trabalho, nos termos do inciso II do art. 20, a Previdência Social deve considerá-la como acidente do trabalho, para os fins do art. 118 da Lei n. 8.213, de 1991.

Definido o acidente do trabalho como o fato que ocorre pelo exercício do trabalho a serviço de empresa ou de empregador doméstico ou pelo exercício do trabalho pelo segurado especial, isso como regra geral quer dizer que as doenças preexistentes de qualquer natureza — e não apenas as especificadas no § 1º do art. 20, da Lei n. 8.213, de 1991 — não são consideradas como doença do trabalho.

---

(36) Eis o integral teor do § 2º: "§ 2º Em caso excepcional, constatando-se que a doença não incluída na relação prevista nos incisos I e II deste artigo resultou das condições especiais em que o trabalho é executado e com ele se relaciona diretamente, a Previdência Social deve considerá-la acidente do trabalho."

Esta compreensão está no § 2º do art. 42 da Lei n. 8.213, de 1991, o qual dispõe que:

> "A doença ou lesão de que o segurado já era portador ao filiar-se ao Regime Geral de Previdência Social não lhe conferirá direito à aposentadoria por invalidez (...)"

Não obstante, o exercício do trabalho peculiar a determinada atividade ou as condições especiais em que o trabalho é realizado e com ele se relacione diretamente pode agravar a doença preexistente.

Por outras palavras: aquela doença ou lesão antecedente é agravada pelo exercício do trabalho, incapacitando de modo temporário ou definitivo, por isso, o segurado ao trabalho. É o que se denomina de concausa, excepcionalidade prevista na última parte do § 2º do art. 42: "(...), salvo quando a incapacidade sobrevier por motivo de progressão ou agravamento dessa doença ou lesão".

O § 2º do art. 21 traz uma exceção, pois não considera

> "agravação ou complicação de acidente do trabalho a lesão que, resultante de acidente de outra origem, se associe ou se superponha às conseqüências do anterior."

Em síntese, então, sobre a tipificação da concausa deve-se ter em conta:

(a) que a doença preexistente foi agravada pelo exercício do trabalho à empresa, contribuindo decisivamente para a redução ou perda da capacidade para o trabalho, ou produzido a complicação da lesão, que exija atenção médica para a sua recuperação;

(b) a perícia médica do Instituto Nacional do Seguro Social (INSS) irá identificar e caracterizar a natureza acidentária da incapacidade, a partir da ocorrência de nexo técnico epidemiológico entre o trabalho e o agravamento, decorrente da relação entre a atividade da empresa ou do empregado doméstico.

Assim sendo, a concausa comporta um fato anterior (a doença preexistente não relacionada ao trabalho para a empresa); um fato concorrente (a natureza da atividade que passa a prestar à empresa) ou um fato superveniente ou posterior (agravamento/complicação da doença preexistente).

Por isso, tem-se que a concausa é caracterizada por um motivo concorrente/simultâneo ou pela causa superveniente/posterior, mas, sempre decorrente do exercício do trabalho à empresa ou ao empregador doméstico, causando a redução ou perda da capacidade para o trabalho, ou produzindo a complicação da lesão preexistente.

Mas, por certo, será a perícia médica a cargo da Previdência Social (Inciso II do art. 104, da Lei n. 8.213, de 1991), que irá caracterizar

> "a natureza acidentária da incapacidade quando constatar ocorrência de nexo técnico epidemiológico entre o trabalho e o agravo, decorrente da relação entre a atividade da empresa ou do empregado doméstico e a entidade mórbida motivadora da incapacidade elencada na Classificação Internacional de Doenças (CID), em conformidade com o que dispuser o regulamento", tal como previsto no art. 21-A, da lei de Planos de Benefícios da Previdência Social."

Aliás, inclui-se também na competência da perícia médica da Previdência Social, nos termos do § 14 do art. 60, a

> "dispensa da emissão de parecer conclusivo da perícia médica federal quanto à incapacidade laboral, hipótese na

qual a concessão do benefício de que trata este artigo será feita por meio de análise documental, incluídos atestados ou laudos médicos, realizada pelo INSS."

Em termos práticos, isso significa que a empresa que não concordar com o laudo pericial do INSS ou com a dispensa do parecer conclusivo quanto à incapacidade do trabalhador, poderá recorrer administrativa e judicialmente da decisão.

Exatamente por isso, a empresa não pode simplesmente recursar o retorno do trabalhador ao emprego, privando-lhe do recebimento dos salários, quando este já está de alta previdenciária com o respectivo certificado de capacidade fornecido pela Previdência Social, sob pena de frustrar o gozo de direito trabalhista previsto em lei (art. 203 do Código Penal) e caracterizar o limbo trabalhista previdenciário — tema sobre o qual tratarei mais adiante.

Bem, tratamos até aqui sobre o acidente do trabalho, sobre as entidades mórbidas consideradas acidente do trabalho, as exceções respectivas, sobre a concausa e sobre as doenças que não são consideradas como acidente do trabalho.

É importante não perder de vista — pois tudo isso está na base da ocorrência ou não do limbo trabalhista previdenciário — as doenças equiparadas ao acidente do trabalho, a partir do inciso I até o inciso IV do art. 21 da Lei n. 8.213, de 1991.

Por lógica jurídica, os tipos de acidentes do trabalho por equiparação também exigem a comprovação dos requisitos do art. 19 da Lei n. 8. 213, de 1991.

2.2. Pensamento do Tribunal Superior do Trabalho (Orientações Jurisprudenciais e Súmulas)

Especificadamente sobre acidente do trabalho, doença profissional o pensamento jurisprudencial do Tribunal Superior do Trabalho está consolidado nas súmulas:

— n. 46 (sobre abono de faltas e repercussão nas férias no caso de acidente do trabalho) e n. 378 (sobre estabilidade provisória em caso de acidente do trabalho).

E nas seguintes Orientações Jurisprudenciais (Ojs):

— OJ-SDC-31 (estabilidade provisória); OJ-SDC-31 (Sobre o acidentado e acordo homologado); OJ-SDI1-230 (sobre acidente do trabalho); e na OJ-SDI1-41 (sobre acidente ou doença profissional).

Dentre elas, serão destacadas — considerando-se o objetivo jurídico desta obra — apenas aquelas que guardam direta relação com a nossa temática de estudo.

A Súmula n. 46[(37)], embora se refira ao acidente do trabalho, não cuida diretamente da proteção previdenciária; mas dos efeitos jurídicos do acidente do trabalho no contrato de trabalho.

Quanto ao tempo de afastamento em razão do acidente do trabalho, a referida súmula declara que "as faltas e ausências" do trabalhador não podem ser "consideradas para os efeitos de duração de férias e cálculo da gratificação natalina."

Já a Súmula n. 378[(38)] reafirma a constitucionalidade do art. 118 da Lei n. 8.213, de 1991, que garante a

---

(37) BRASIL. Jurisprudência. Súmula n. 46. Tribunal Superior do Trabalho. Disponível em: Pesquisa de jurisprudência (tst.jus.br). Acesso em: 30 jan. 2024.
(38) BRASIL. Jurisprudência. Súmula n. 378 do TST. Tribunal Superior do Trabalho. Disponível em: Pesquisa de jurisprudência (tst.jus.br) . Acesso em: 30 jan. 2024.

estabilidade provisória ao trabalhador acidentado, inclusive na vigência do contrato temporário e também trata dos requisitos para a concessão da estabilidade provisória do trabalhador.

Mas observe-se o seguinte: o art. 118 da Lei n. 8.213, de 1991, garante a estabilidade provisória ao segurado que sofreu acidente do trabalho, pelo prazo mínimo de doze meses, "após a cessação do auxílio-doença acidentário, independentemente de percepção de auxílio-acidente."

No entanto, a Súmula n. 378, no item I, se refere à cessação do auxílio-doença, bem diferente do referido no art. 118. Veja-se:

> "I — É constitucional o art. 118 da Lei n. 8.213/1991 que assegura o direito à estabilidade provisória por período de 12 meses após a cessação do auxílio-doença ao empregado acidentado. (ex-OJ n. 105 da SBDI-1 — inserida em 1º.10.1997)."

No entanto, no item II, a mesma súmula já se refere ao termo "auxílio-doença acidentário" ao definir dois pressupostos para a concessão da estabilidade provisória ao trabalhador-segurado do RGPS: "o afastamento superior a 15 dias e a conseqüente percepção do auxílio-doença acidentário".

Assim dispõe o item II da Súmula n. 378:

> "II — São pressupostos para a concessão da estabilidade o afastamento superior a 15 dias e a conseqüente percepção do auxílio-doença acidentário, salvo se constatada, após a despedida, doença profissional que guarde relação de causalidade com a execução do contrato de emprego. (primeira parte — ex-OJ n. 230 da SBDI-1 — inserida em 20.06.2001)."

Tendo em vista que, tecnicamente, são distintas as naturezas e as finalidades do auxílio-doença e do auxílio-doença acidentário, pode-se compreender que o item I da mesma Súmula — ao se referir à "cessação do auxílio-doença" — quer mesmo dizer auxílio-doença acidentário.

Isso porque o item I se refere à estabilidade provisória pelo prazo mínimo de doze meses.

Ora, nos termos do inciso II do art. 26 da Lei n. 8.213, de 1991, somente será possível a concessão do auxílio-doença acidentário, independentemente de carência, no caso concreto do acidente de outra natureza ou causa, relacionado ao trabalho à empresa ou ao empregador doméstico.

O acidente de qualquer outra natureza ou causa será, nos termos do inciso II do art. 26, para todos os efeitos previdenciários, equiparado ao acidente do trabalho típico, motivo pelo qual existe a garantia da concessão do auxílio-doença acidentário, sem a obrigação de comprovar a carência, isto é, sem a exigência do recolhimento mínimo de um determinado número de contribuições sociais mensais.

Por outro lado, o auxílio-doença comum — para ser concedido ao trabalhador segurado, quando a doença incapacitante não possui nexo de causalidade com o trabalho — exige como requisito a comprovação de 12 contribuições mensais, tal como previsto no inciso I do art. 25, e no art. 59, da mesma LEI.

"O auxílio-doença será devido ao segurado que, havendo cumprido, quando for o caso, o período de carência exigido nesta Lei, ficar incapacitado para o seu trabalho ou para a sua atividade habitual por mais de 15 (quinze) dias consecutivos."

O auxílio-doença (art. 25, I) é o denominado auxílio-doença previdenciário comum (espécie 31), aquele que não gera a estabilidade acidentária prevista no art. 118 da Lei n. 8.213, de 1991.

O auxílio-doença acidentário (espécie 94) é um benefício acidentário por acidente do trabalho típico, doença do trabalho, doença profissional, concausa ou de qualquer natureza incapacitante relacionado com a prestação de serviços pelo segurado obrigatório.

Já o benefício acidentário (espécie 91 — auxílio-acidente), nos ternos do art. 86 da Lei n. 8.213, de 1991, corresponde a uma indenização ao segurado, no importe de 50% do valor do salário de contribuição (§ 1º do art. 86), mas cujo benefício somente poderá ser concedido se, "após consolidação das lesões decorrentes de acidente de qualquer natureza, resultarem seqüelas que impliquem redução da capacidade para o trabalho que habitualmente exercia".

A Orientação Jurisprudencial n. 41 da Seção de Dissídios Individuais (SDI-1) garante a estabilidade provisória, mesmo após o término do instrumento normativo, no caso de acidente do trabalho ou doença profissional, desde que preenchidos os requisitos à concessão, sendo também a mens jurisprudencial da OJ-SDI1-230, quanto à comprovação dos pressupostos à concessão do benefício previdenciário correspondente, no caso do acidente do trabalho.

Embora até a edição deste número da "coleção Premium" sobre temas especiais acerca dos "Direitos Fundamentais e Justiça" o Tribunal Superior do Trabalho ainda não tenha editado Orientação Jurisprudencial ou súmula sobre o limbo jurídico previdenciário, em dois julgados é possível identificar a tendência do que poderá sinalizar, no futuro, a edição de alguma Orientação Jurisprudencial ou súmula na matéria.

Várias decisões, por diferentes turmas do Tribunal Superior do Trabalho, têm adotado um fundamento uniforme, em casos da constatação do limbo jurídico previdenciário: a responsabilidade pelo pagamento dos salários do período de limbo previdenciário é do empregador[39] — pensamento jurisprudencial que guarda adequada simetria com a tese jurídica adotada no **Tema 932,** do Supremo, sobre a "possibilidade de responsabilização objetiva do empregador por danos decorrentes de acidentes de trabalho", conforme já referido anteriormente.

Nos autos do Processo n. TS-T-RR-2690-72.2015. 5.12.004, a Quarta Turma, — referindo-se aos julgamentos nos autos do RR — 662-36.2014.5.21.0010 e do AIRR-565-04.2010.5.05.0016 (6ª Turma) — reconheceu o caso concreto de limbo jurídico previdenciário em face de um trabalhador segurado acidentado e ratificou, à unanimidade, que

---

(39) Neste sentido são as decisões nos autos dos seguintes processos: TST-RR-2690-72.2015.5.12.004, RR – 662-36.2014.5.21.0010, AIRR-565-04.2010.5.05.0016 (6ª turma), (ARR-78900-60.2012.5.17.0007 (3ª Turma), ARR-20301-50.2015.5.04.0601, (4ª Turma) e RR-128-68.2013.5.09.0008 (5ª Turma). Disponível em: Jurisprudência do TST. Acesso em: 30 jan. 2024.

"o entendimento predominante no âmbito desta Corte é no sentido de que a responsabilidade pelo pagamento dos salários é do empregador".[40]

Essa tendência jurisprudencial do TST — que é a mais adequada à efetiva defesa da dignidade humana do trabalhador no caso de limbo trabalhista previdenciário e como princípio de justiça social na perspectiva dos efeitos vinculantes dos direitos fundamentais — aponta para a edição de futura Orientação Jurisprudencial ou Súmula ao âmbito da Justiça do Trabalho, possivelmente com a seguinte tese básica:

— A responsabilidade pelo pagamento dos salários é do empregador, nos casos de limbo jurídico previdenciário, pois este é o pensamento jurisprudencial dominante do TST, até o presente momento, inclusive quanto à prevalência da decisão da autarquia previdenciária, quando houver divergência entre o INSS e o empregador sobre a aptidão do empregado para o trabalho. Esse pensamento jurisprudencial está evidenciado nos autos do Processo n. TST-RR-20011-74.2012.5.04.0331.

---

(40) BRASIL. Jurisprudência. Tribunal Superior do Trabalho. Processo n. TST-RR-2690-72.2015.5.12.0048. Disponível em: RR-2690-72_2015_5_12_0048.pdf . Acesso em: 30 jan. 2024.

À luz das súmulas e Orientações Jurisprudenciais estudadas, considero que o pensamento consolidado do Tribunal Superior do Trabalho — muito embora não seja expresso quanto ao limbo trabalhista previdenciário — pode ser assim resumido como um pensamento de justiça social baseado que adota como fundamento a norma.

— Isto é, trata-se de um pensamento que assenta a jurisprudência protetiva ao trabalhador segurado nos casos de acidente do trabalho, entidades mórbidas e acidentes do trabalho por equiparação; porém, não é um pensamento *contra legem*, à medida em que ratifica os pressupostos legais na Lei n. 8.213, de 1991, para o reconhecimento e garantia da estabilidade acidentária no âmbito dos contratos de trabalho.

— E qual o pensamento jurisprudencial do Supremo Tribunal Federal (STF) sobre a proteção do trabalhador segurado nos casos de acidente do trabalho, tipificação das entidades mórbidas, concausa, acidentes por equiparação e acidentes de qualquer natureza? Já se manifestou, a Corte

Suprema, sobre o limbo trabalhista previdenciário? E se já emitiu decisão com repercussão geral, qual terá sido o seu conteúdo jurisprudencial?

— É o que será examinado no item seguinte.

2.3. *Pensamento do Supremo Tribunal Federal (Súmulas)*

O Supremo Tribunal Federal ainda não aprovou súmula vinculante sobre o limbo trabalhista previdenciário, nem proferiu decisão com repercussão geral. Mas, por outro lado, já editou diversas súmulas orientativas que tratam do acidente do trabalho, responsabilidade de indenizar e sobre a cobertura previdenciária respectiva.

Neste sentido, destacam-se a Súmula n. 35 (acidente do trabalho. Indenização à concubina); Súmula n. 230 (Prescrição da ação de acidente do trabalho); Súmula n. 255 (Acidente do Trabalho. Ação contra seguradora. Competência da Justiça Comum); Súmulas ns. 337 e 434 (Garantia da indenização ao acidentado mesmo havendo controvérsia entre o empregador e o segurador), e Súmula n. 454 (RSR na base de cálculo da indenização ao trabalhador acidentado).[41]

A decisão mais próxima do nosso objeto de pesquisa nesta obra é a tese jurídica fixada no **Tema 932 (STF)** nos autos do Recurso Extraordinário n. 828.040 (Distrito Federal), no qual considerou-se a "possibilidade de responsabilização objetiva do empregador por danos decorrentes de acidentes de trabalho", fixando-se a seguinte tese com repercussão geral:

> "O art. 927, parágrafo único, do Código Civil é compatível com o art. 7º, XXVIII, da Constituição Federal, sendo constitucional a responsabilização objetiva do empregador por danos decorrentes de acidentes de trabalho, nos casos especificados em lei, ou quando a atividade normalmente desenvolvida, por sua natureza, apresentar exposição habitual a risco especial, com potencialidade lesiva e implicar ao trabalhador ônus maior do que aos demais membros da coletividade".[42]

---

(41) BRASIL. Jurisprudência. Súmulas orientativas. Disponível em: Supremo Tribunal Federal (stf.jus.br). Disponível em: Supremo Tribunal Federal (stf.jus.br) . Acesso em: 30 jan. 3024.
(42) BRASIL. Jurisprudência. Tema 932: Supremo Tribunal Federal. Disponível em: Tema 932 — Temas com Repercussão Geral do STF (modeloinicial.com.br). Acesso em: 30 jan. 2024.

Aos casos de acidente do trabalho e dos danos decorrentes, discutiu-se a teoria do risco ou do princípio da responsabilidade objetiva do empregador, à luz do inciso XXVIII do art. 7º ("seguro contra acidentes de trabalho, a cargo do empregador, sem excluir a indenização a que este está obrigado, quando incorrer em dolo ou culpa), do § 6º do art. 37 (responsabilidade dos pessoas jurídicas de direito público e as de direito privado prestadoras de serviços públicos pelos danos que seus agentes, nessa qualidade, causarem a terceiros), art. 59 (processo legislativo) e art. 97 (competência dos tribunais para declaração de inconstitucionalidade de lei ou ato normativo do Poder Público).

A utilidade do **Tema 932 (STF)** ao objeto desta obra reside precisamente no fato de que, nos termos da tese jurídica fixada — ao declarar constitucional a responsabilização objetiva do empregador por danos decorrentes de acidentes do trabalho — o Supremo projetou uma visão jus-social principiologica: a proteção do trabalhador em face do "risco especial, com potencialidade lesiva e implicar ao trabalhador ônus maior do que aos demais membros da coletividade".[43]

(43) Tema 932 (STF). Disponível em: Supremo Tribunal Federal (stf.jus.br). Acesso em: 30 jan. 2024.

Ora, quando o Supremo Tribunal Federal, na tese jurídica fixada no **Tema 932,** admite a responsabilização objetiva do empregador por danos decorrentes de acidentes de trabalho, a preocupação foi demonstrar que a potencialidade lesiva à saúde do trabalhador se expande, em regra, em todos os aspectos (físico e emocional), quando não ocorre o evento morte. Logo, o princípio da responsabilização objetiva do empregador não se encerra quando o trabalhador recebe o auxílio ou benefício previdenciário correspondente, mas continua quando o trabalhador recebe a alta previdenciária.

Por isso, no caso do limbo jurídico trabalhista previdenciário, aplica-se o princípio da responsabilidade objetiva do empregador, nos termos da tese jurídica do Tema 932, quanto ao pagamento de salários até que haja a resolução definitiva quanto à renovação do benefício previdenciário ou concessão da aposentadoria por invalidez.

As súmulas vinculantes do Supremo Tribunal Federal (n. 22 e 53[(44)]), embora não se refiram ao limbo

---

(44) BRASIL. Súmulas Vinculantes. Supremo Tribunal Federal. Edição Eletrônica. Disponível em: 2020SmulaVinculante1a29e31a

trabalhista previdenciário, albergam a possibilidade do exame da matéria em sede da reclamação trabalhista. Isto é deduzível, sem margens às controvérsias, na Súmula vinculante n. 22, cujo integral teor é o seguinte:

> "A Justiça do Trabalho é competente para processar e julgar as ações de indenização por danos morais e patrimoniais decorrentes de acidente de trabalho propostas por empregado contra empregador, inclusive aquelas que ainda não possuíam sentença de mérito em primeiro grau quando da promulgação da Emenda Constitucional n. 45/04."(45)

O exame da indenização por dano extrapatrimonial decorrente do acidente do trabalho inclui o dano moral imposto em face do trabalhador segurado vítima do limbo jurídico trabalhista previdenciário.

58Completocapaecontedo.pdf (stf.jus.br). Acesso em: 30 jan. 2024. A Súmula vinculante n. 53 trata da competência da Justiça do trabalho para executar contribuições sociais decorrentes de suas decisões. : "A competência da Justiça do Trabalho prevista no art. 114, VIII, da Constituição Federal alcança a execução de ofício das contribuições previdenciárias relativas ao objeto da condenação constante das sentenças que proferir e acordos por ela homologados."

(45) BRASIL. Jurisprudência. Súmula vinculante n. 22. Disponível em: Supremo Tribunal Federal (stf.jus.br). Acesso em: 30 jan. 2024.

Depois da aprovação da Súmula vinculante n. 22, pelo Supremo Tribunal Federal, publicada no Diário Oficial da União em 1º.12.2009, o Tribunal Superior do Trabalho aprovou a Súmula n. 392, publicada em 04.11.2015:

> Dano moral e material. Relação de trabalho. Competência da Justiça do Trabalho. Nos termos do art. 114, inc. VI, da Constituição da República, a Justiça do Trabalho é competente para processar e julgar ações de indenização por dano moral e material, decorrentes da relação de trabalho, inclusive as oriundas de acidente de trabalho e doenças a ele equiparadas, ainda que propostas pelos dependentes ou sucessores do trabalhador falecido. Observação: (redação alterada em sessão do Tribunal Pleno realizada em 27.10.2015) — Res. 200/2015, DEJT divulgado em 29.10.2015 e 03 e 04.11.2015[(46)]

Substancialmente, quanto à matéria de fundo, as duas súmulas são convergentes: as duas definem a competência da Justiça Federal do Trabalho para processar e julgar ações que objetivem indenização

---

(46) BRASIL. Jurisprudência. Súmulas. Orientações Jurisprudenciais. Precedentes Normativos. Tribunal Pleno/Orgão Especial, SBDI-I, SBDI-I Transitória, SBDI-II e SDC). Disponível em: www.tst.jus.br. Brasília. 2023

por danos morais e materiais decorrentes do acidente do trabalho em face do empregador.

A Súmula n. 392, do TST, amplia a competência para processar e julgar ações de indenização por dano moral e material, as ações decorrentes da relação de trabalho, e não apenas do contrato de trabalho. E não somente em razão do acidente do trabalho, mas também nos casos de doenças a ele equiparadas, ainda que propostas pelos dependentes ou sucessores do trabalhador falecido. Observação:

A Súmula vinculante n. 22 revoga parcialmente a Súmula orientativa n. 501, também do STF, no que se refere à competência da Justiça ordinária estadual para processar e julgar as ações de indenização por danos morais e patrimoniais decorrentes de acidente de trabalho propostas por empregado contra empregador.

Aplica-se a Súmula 501, do Supremo Tribunal Federal, às causas de acidente do trabalho, ainda que promovidas contra a União, suas autarquias, empresas públicas ou sociedades de economia mista, pois esta é a teleologia da referida Súmula:

"Compete à Justiça ordinária estadual o processo e o julgamento, em ambas as instâncias, das causas de acidente do trabalho, ainda que promovidas contra a União, suas autarquias, emprêsas públicas ou sociedades de economia mista.[47]

Com efeito, os casos de limbo jurídico previdenciário, decorrentes do acidente do trabalho, doença profissional, doença do trabalho, concausa e do acidente do trabalho de outra natureza, movida pelo servidor público acidentado, a competência para processor e julgar será da Justiça Ordinária Estadual. Em conclusão, a falta de súmula vinculante sobre o tema limbo jurídico previdenciário não tem gerado problemas jurídicos às causas judiciais.

Primeiro, porque, pela Súmula vinculante n. 22, o STF eliminou todas as controvérsias acerca da Justiça competente para processar e julgar as ações de indenizações por danos moral e material decorrentes do acidente do trabalho, mens jurisprudencial completada pela Súmula n. 392 do TST.

---

(47) BRASIL. Jurisprudência. Súmula orientativa n. 501. Disponível em: Supremo Tribunal Federal (stf.jus.br) . Disponível em: Supremo Tribunal Federal (stf.jus.br). Acesso em: 30 jan. 2024.

Em segundo lugar, porque a repercussão geral da tese jurídica adotada no **Tema 932 (STF)** adota a teoria do risco objetivo para responsabilizar o empregador por danos decorrentes de acidentes do trabalho ou quando a atividade normalmente desenvolvida — por sua natureza — colocarem sob risco especial e potencialidade lesiva ao trabalhador.

À luz da tese jurídica do **Tema 932 (STF),** pode-se afirmar positivamente que o conteúdo jurisprudencial firmado pela Suprema Corte projeta, teleologicamente, ampla garantia constitucional ao exercício do trabalho seguro, o que é relativo à proteção da saúde do trabalhador; portanto, o **Tema 932** amplia a proteção à dignidade humana do trabalhador acidentado, proteção qualificada como um direito fundamental.

O terceiro tópico, a seguir, é dedicado ao que denomino de limbo trabalhista previdenciário, destinando-se à construção conceitual, debruçando-se sobre a tipificação do limbo trabalhista, do limbo previdenciário e do limbo trabalhista previdenciário.

Tópico 03

LIMBO TRABALHISTA PREVIDENCIÁRIO

3.1. Sobre uma ideia de Limbo

Vamos compreender o contexto conceitural da palavra limbo. A ideia de limbo como exclusão está relacionada à doutrina teológica medieva: ali, "limbo" designava o lugar dos excluídos do Reino dos Céus ou um purgatório ou um lugar inferno — o lugar do mal, ou, ainda, nas palavras do teólogo Tomás de Aquino, na "resposta à primeira objeção" levantada no art. 1 (Se devia Cristo descer ao inferno) da Suma Teológica:

> "O nome de infernos exprime o mal da pena e não o da culpa. Por isso devia Cristo descer ao inferno: não que fosse devedor da pena, mas para livrar os que a ela tinham sido entregues."(48)

Então, o lugar inferno (a espécie de limbo) designava o lugar reservado aos mortos não-batizados

(48) AQUINO, Tomás de. Suma teológica. Tradução clássica de Alexandre Correia. Disponível em: suma-teológica.pdf. Acesso em: 30 jan. 2024.

— lugar habitado pelo demônio, o inimigo do bem e da salvação humana — pois, ainda conforme Aquino, na resposta à primeira objeção do art. 2. "sobre o exorcismo, o batismo e a salvação":

> "todos os não-batizados estão sujeitos ao poder dos demônios, ao menos pelo reato do pecado original", mas cujos "fiéis de Cristo são liberados pelo batismo do reato dos pecados atuais, e do pecado do original, quanto à exclusão da glória".

As almas do purgatório — lugar onde "as almas têm dor de culpa" e pagam a pena "satisfatória pelo pecado"(49) — e o lugar inferno, portanto, passam a ideia dos excluídos do Reino Celestial, traduzindo como o limbo numa concepção teológico-religiosa.

Na gramática da língua portuguesa, "limbo" (um substantivo masculino) — por sua origem latina — designa algo que está à margem ou fora. Designa ação que não incluído ou algo sem utilidade ou funcionalidade.

---

(49) AQUINO, Tomás de. *Suma teológica*. Tradução clássica de Alexandre Correia. Disponível em: sumateológica.pdf. Acesso em: 30 jan. 2024.

No âmbito das relações sociais, nas relações de trabalho ou no ambiente do contrato de trabalho, "limbo" é uma circunstância ou estado de rejeição explícita ou implícita (de forma subliminar) em relação à pessoa, em relação ao prestador de serviços ou em relação ao trabalhador-empregado, respectivamente.

Ao específico período no qual o empregado segurado obrigatório do Regime Geral de Previdência Social (RGPS) recebe a alta previdenciária — portanto, deixa de receber o benefício ou auxílio previdenciário —, mas também não é reintegrado ou readaptado pelo empregador e não volta a receber os seus salários, a doutrina define como limbo jurídico previdenciário.

Essa realidade leva à ideia conceitual da existência não meramente de um limbo previdenciário; mas, verdadeira e de forma mais adequada, conduz à ideia de outra realidade fática, a que se pode seguramente conceituá-la como limbo trabalhista previdenciário.

Neste sentido, o limbo trabalhista é um fato jurídico que pode existir independentemente do limbo previdenciário, porque a causa daquele necessariamente não está associada ou atrelada à cessação do benefício ou auxílio previdenciário.

Nesta linha de pensamento, tecnicamente existem diferenças entre limbo trabalhista, limbo previdenciário e limbo-trabalhista previdenciário.

3.2. Limbo trabalhista

Ao ambiente do contrato de trabalho, a ideia de limbo está relacionada à privação injusta ao direito de trabalhar e à respectiva perda daquilo que é admitido como legítimo ou como de direito ao trabalhador: os salários para o sustento próprio e manutenção digna da sua família.

Concretamente, o limbo trabalhista é tipificado pela situação em que o trabalhador é excluído do direito de trabalhar e deixa de receber salários, embora tenha esse direito à estabilidade legal ou prevista em convenção coletiva, e embora não tenha cometido nenhuma das faltas graves do art. 482 da CLT, justificadoras da demissão por justa causa.

Vamos verificar pelo menos três exemplos, mas, destaca-se que o limbo trabalhista não se configura pelo fato da empresa, no uso do *ius variandi* decorrente do seu poder de gestão, resolver rescindir unilateralmente um contrato de trabalho. O limbo trabalhista tem como "pano de fundo" ou causa o ato arbitrário e abusivo do empregador. Vejamos os exemplos:

Exemplo 01: O trabalhador sindicalizado é demitido sem nenhuma das faltas previstas no art. 482 da CLT e, por ordem judicial, reintegrado ao emprego.

O empregador recebe a ordem judicial reintegrativa, mas o trabalhador (dirigente sindical ou portador de estabilidade cipeira) fica num limbo na empresa, apenas à disposição do empregador, sem receber tarefas para trabalhar, embora receba salários.

A demissão é tida como abusiva e arbitrária porque é retaliativa ao exercício da função sindical em defesa da categoria representada.

A Constituição Federativa vigente, quando afirma que a ordem social adota o primado do trabalho para os objetivos do bem-estar e da justiça social, expressamente está advertindo que o trabalho é fator essencial à ampliação dos valores e princípios relativos à dignidade da pessoa humana, enquanto que, num sentido convergente, a Convenção n. 87, no art. 3.2.2, proíbe qualquer medida ou "intervenção que possa limitar esse direito ou entravar o seu exercício legal" e, no art. 2, garante aos trabalhadores o direito associativo "sem distinção de qualquer espécie".

Por isso, neste primeiro exemplo, pagar os salários, mas privar o trabalhador reintegrado do exercício de suas funções ou tarefas laborais, tipifica o limbo trabalhista por discriminação ao exercício do mandato sindical e privação ao trabalho.

Nestes termos, a conduta do empregador, além de violar o livre exercício sindical reconhecido na Convenção n. 87 (sobre Liberdade Sindical e Proteção ao Direito de Sindicalização) e na Constituição Federativa vigente (art. 8º), também viola o princípio da dignidade humana — um princípio que, no campo do trabalho humano está diretamente relacionado ao valor social do justo salário pelo efetivo serviço prestado.

Este princípio — salário justo e digno como corrrespndência pelo efetivo trabalho realizado — guarda raízes milenares em Eclesiastes (1:3), em Provérbios (14:23) e no Evangelho segundo relato do apóstolo João (4:36):

> — "Que vantagem tem o ser humano em todo o seu trabalho, em que tanto se dedica debaixo do sol?". (Eclesiastes,1:3).
>
> — "Em todo trabalho dedicado há proveito, mas o só falar leva à pobreza (...) ". (Provérbios, 14:23) e
>
> — "Aquele que ceifa recebe o seu salário e colhe fruto para a vida eterna, e assim se alegram juntos o semeador e o ceifeiro". (Jo, 4:36)[50]

Então, neste caso, o mero pagamento do salário, ainda que em cumprimento à decisão judicial, mas como retaliação o empregador discrimina o trabalhador, não lhe atribundo as tarefas que deveria por força

(50) BÍBLIA *Sagrada on line*. Disponível em: Bíblia — *Bíblia Sagrada Online* (*bibliaon.com*) . Acesso em: 30 jan. 2024.

de sua função, será como rejeitar o valor inerente em todo o seu trabalho. Por isso, tipifica o limbo trabalhista, porque também o JUSTO salário é a lógica correspondência do trabalho dispendido, sendo por isso que a todo trabalho resulta numa contraprestação remuneratória e a todo salário corresponde um valor social. E tudo converge à valorização do trabalho humano e ao respeito à dignidade humana.

Exemplo 02: o empregado portador da estabilidade acidentária volta ao trabalho. Mas, passa a ser vítima de perseguições ou discriminações pelo empregador ou seus prepostos, porque teve reduzida a sua capacidade ao trabalho.

A empresa deixa de readaptá-lo em função compatível com a sua reabilitação profissional e vai criando situações que, paulatinamente, projetam no emocional do trabalhador o sentimento de inutilidade ao trabalho.

Aparentemente, a empresa estaria respeitando o período de estabilidade acidentária, contudo, ao deixar de readaptá-lo em função compatível com a sua reabilitação profissional, comete o limbo trabalhista.

E por quê? Porque, uma vez readaptado à nova função pela perícia médica do INSS, é dever do empregador garantir ao empregado reabilitado tarefas para as quais fora a considerado capaz e apto para o exercício que lhe garanta a subsistência.

O § 4º do art. 461, da CLT(51), embora de um lado não admita que o trabalhador readaptado sirva de paradigma para fins de equiparação salarial nos termos do *caput* do citado artigo, por outro lado, garante ao trabalhador a readaptação em nova função por motivo de deficiência física ou mental atestada pelo órgão da Previdência Social.

Neste caso da readaptação indicada e recomendada pela perícia médica do INSS, ao empregador não

---

(51) Eis a íntegra: Art. 461. Sendo idêntica a função, a todo trabalho de igual valor, prestado ao mesmo empregador, no mesmo estabelecimento empresarial, corresponderá igual salário, sem distinção de sexo, etnia, nacionalidade ou idade. § 4º — O trabalhador readaptado em nova função por motivo de deficiência física ou mental atestada pelo órgão competente da Previdência Social não servirá de paradigma para fins de equiparação salarial. BRASIL. Legislação. Presidência da República. Decreto-Lei n. 5.452, de 1º de maio de 1943. Disponível em: Del5452compilado (planalto.gov.br). Acesso em: 30 jan. 2024.

beneficia o disposto no Parágrafo único do art. 456, da CLT, isto é, não ser-lhe-á lícito alegar a regra da parte final deste artigo, qual seja: "que o empregado se obrigou a todo e qualquer serviço compatível com a sua condição pessoal", nem poderá alegar "falta de prova ou inexistindo cláusula expressa a tal respeito."

A prova que beneficia e ampara o trabalhador acidentado e readaptado, e obriga o empregador, é precisamente o "certificado de capacidade fornecido pela Previdência Social", previsto na alínea "a" do inciso I do art. 47 da Lei n. 8.213, de 1991.

O dever à readaptação do trabalhador acidentado decorre de previsão legal, nos termos do art. 89 da Lei n. 8.213, de 1991, que adverte que "reabilitação profissional e social" (...) deverão proporcionar ao beneficiário incapacitado parcial (...)," de modo que, a "readaptação profissional e social indicados" são necessárias "para participar do mercado de trabalho e do contexto em que vive".

Por isso, a negativa do empregador à readaptação do trabalhador acidentado tipifica o limbo trabalhista, neste exemplo, também possibilitando ao empregado questionar judicialmente a conduta restritiva da empresa e buscar a devida indenização por dano extrapatrimonial, à luz dos arts. 223-A, 223-B, 223-C, e 223-F da CLT, pois, nos termos do art. 223-E, também da CLT,

> "São responsáveis pelo dano extrapatrimonial todos os que tenham colaborado para a ofensa ao bem jurídico tutelado, na proporção da ação ou da omissão".

O "bem jurídico tutelado" será, no caso, o direito que o trabalhador segurado acidentado tinha à readaptação, porém, foi sendo sutilmente preterido pelo empregador ao lhe designar e destinar função não compatível com a sua nova reabilitação profissional.

Exemplo 03: Por terceiro exemplo, tal como os anteriores, são hipóteses. E como hipóteses precisam ser compreendidos. A hipótese é a seguinte: pode tipificar e promover o limbo trabalhista estrutural a conduta do empregador que sonegar emprego à mulher pelo simples fato de ser mulher ou pela condição de seu estado de gravidez.

Neste sentido é o disposto no inciso II do art. 373-A, da CLT, o qual veda a conduta negativa do empregador que

> "recusar emprego, promoção ou motivar a dispensa do trabalho em razão de sexo, idade, cor, situação familiar ou estado de gravidez, salvo quando a natureza da atividade seja notória e publicamente incompatível".

Portanto, pode ser enquadrado como limbo estrutural trabalhista, porque a conduta negativa do empregador potencialmente pode afetar "o acesso da mulher ao mercado de trabalho".

Tal conduta também poderá indicar afronta a um dos objetivos fundamentais da República Federativa do Brasil, notadamente o previsto no inciso IV do art. 3º da Constituição Federativa vigente: "promover o bem de todos, sem preconceitos de origem, raça, sexo, cor, idade e quaisquer outras formas de discriminação".

Por isso mesmo, a conduta será passível de punição, à luz do inciso XLI do art. 5º da Constituição: "a lei punirá qualquer discriminação atentatória dos direitos e liberdades fundamentais", mas, por certo com a garantia ao contraditório e ampla defesa, com os meios e recursos inerentes nos processos judicial ou administrativo, visto que o devido processo legal é uma das garantias constitucionais qualificadas como fundamentais no art. 5º, inciso LV da Constituição de 1988.

Em síntese, o limbo trabalhista tipifica conduta arbitrária e abusiva do empregador em face do direito fundamental social ao trabalho e em face da própria dignidade do trabalhador.

Por isso, para casos desta natureza, a partir da publicação do julgamento da ADI 1625[52] — depois de 25 anos de tramitação, por meio de julgamento virtual, o Supremo finalizou o julgamento em 26 de maio de 2023 — o trabalhador poderá questionar judicialmente a demissão arbitrária, o limbo trabalhista e pedir uma indenização respectiva, tal como previsto nos arts. 81 e 10 da Convenção n. 158 da Organização Internacional do Trabalho:

> **Art. 8º 1.** O trabalhador que considerar injustificado o término de sua relação de trabalho terá o direito de recorrer

---

(52) STF. Jurisprudência. Disponível em: Supremo Tribunal Federal (stf.jus.br) . Acesso em: 30 jan. 2024.

contra o mesmo perante um organismo neutro, como, por exemplo, um tribunal do trabalho, uma junta de arbitragem ou um árbitro.

Art. 10. Se os organismos mencionados no art. 8º da presente Convenção chegarem à conclusão de que o término da relação de trabalho é injustificado e se, em virtude da legislação e prática nacionais, esses organismos não estiverem habilitados ou não considerarem possível, devido às circunstâncias, anular o término e, eventualmente, ordenar ou propor a readmissão do trabalhador, terão a faculdade de ordenar o pagamento de uma indenização adequada ou outra reparação que for considerada apropriada.(53)"

O STF, na ADI 1625, declarou a imprescindibilidade de participação do Congresso Nacional nos atos de denúncias de Convenção, adotando-se a seguinte tese vinculante:

> "A denúncia pelo Presidente da República de tratados internacionais aprovados pelo Congresso Nacional, para que produza efeitos no ordenamento jurídico interno, não prescinde da sua aprovação pelo Congresso"(54).

---

(53) C0158. OIT. Disponível em: C158 — Término da Relação de Trabalho por Iniciativa do Empregador (ilo.org) . Acesso em: 30 jan. 2024.

(54) Eis o integral teor da decisão final do julgamento da ADI 1525: "Decisão: Após o voto-vista do Ministro Dias Toffoli, que

No mesmo julgamento, contudo, a Suprema Corte estabeleceu o marco temporal à validade de sua decisão: terá aplicabilidade apenas a partir da publicação da ata do julgamento, sendo intocável a eficácia das denúncias realizadas até esse marco temporal. Veja-se:

---

julgava improcedente o pedido formulado na presente ação direta, mantendo a validade do Decreto n. 2.100, de 20 de dezembro de 1996, proponho a seguinte tese de julgamento: "a denúncia pelo Presidente da República de tratados internacionais aprovados pelo Congresso Nacional, para que produza efeitos no ordenamento jurídico interno, não prescinde da sua aprovação pelo Congresso", entendimento que deverá ser aplicado a partir da publicação da ata do julgamento, mantendo-se a eficácia das denúncias realizadas até esse marco temporal, formulando, por fim, apelo ao legislador para que elabore disciplina acerca da denúncia dos tratados internacionais, a qual preveja a chancela do Congresso Nacional como condição para a produção de efeitos na ordem jurídica interna, por se tratar de um imperativo democrático e de uma exigência do princípio da legalidade, pediu vista dos autos o Ministro Gilmar Mendes. O Ministro Ricardo Lewandowski antecipou seu voto e acompanhou o voto da Ministra Rosa Weber (Presidente). Não votam os Ministros Alexandre de Moraes, Edson Fachin, Roberto Barroso, Luiz Fux e Cármen Lúcia por sucederem, respectivamente, aos Ministros Teori Zavascki, Joaquim Barbosa, Ayres Britto, Maurício Corrêa (Relator) e Nelson Jobim, que já proferiram voto em assentadas anteriores. Plenário, Sessão Virtual de 21.10.2022 a 28.10.2022. STF. Jurisprudência. ADI 1623. Disponível em: Supremo Tribunal Federal (stf.jus.br) . Acesso em: 30 jan. 2024."

> "(...) entendimento que deverá ser aplicado a partir da publicação da ata do julgamento, mantendo-se a eficácia das denúncias realizadas até esse marco temporal"[55].

Recordemos, porque é relevante: a aplicação da C158, da OIT, na ordem jurídica interna volta a ser possível porque — nos autos da ADI 1625, que havia sido ajuizada em 19.06.1997 — o Supremo declarou inconstitucional o Decreto n. 2.100, de 20.12.1996, do Governo Fernando Henrique Cardoso, que denunciado a referida Convenção e, assim, excluído sua aplicação às relações de trabalho no Brasil.

3.3. Limbo Previdenciário

Sob a perspectiva jurisprudencial do Tribunal Superior do Trabalho, limbo jurídico previdenciário é

> "(...) à situação em que se configura um impasse entre a avaliação perpetrada pelo

(55) STF. Jurisprudência. Decisão final na ADI 1623. Disponível em: Supremo Tribunal Federal (stf.jus.br). Acesso em: 30 jan. 2024.

> perito do INSS, que considera o trabalhador apto ao trabalho, e o perito médico do trabalho, que entende que o empregado não tem condições de voltar a trabalhar."(56)

A mesma decisão judicial concluiu que

> "Trata-se de situação que é denominada pela doutrina de "limbo-jurídico-previdenciário", que se caracteriza por ser um período no qual o empregado deixa de receber o benefício previdenciário, e também não volta a receber os seus salários.(57)"

A ideia básica, neste conceito, indica a decisão de dois agentes em face do trabalhador segurado acidentado, mas não conjunta, e, sim, isoladas: um, o ato pericial do Instituto Nacional do Seguro Social (INSS), que concluiu a reabilitação do trabalhador, considerando-o apto ao trabalho e, por isso, a Previ-

---

(56) BRASIL. Jurisprudência. Tribunal Superior do Trabalho. Processo n. TST-RR-2690-72.2015.5.12.0048. Disponível em: RR-2690-72_2015_5_12_0048.pdf . Acesso em: 30 jan. 2024.
(57) *Idem.*

dência Social emite o certificado de capacidade e, de outro lado, o ato médico (do médico do trabalho da empresa) que considera o trabalhador inapto e não recomenda o seu retorno ao trabalho, apesar da alta previdenciária.

Então, note-se que as duas decisões (do INSS e do médico do trabalho da empresa), por serem divergentes, causam ao trabalhador a situação de exclusão (ou limbo) quanto: 1. a possibilidade de continuar recebendo o auxílio ou o benefício previdenciário; 2. ao direito de retornar ao trabalho e receber os correspondentes salários.

Sob o prisma fático, esse "impasse" — como denominado pelo acórdão — ou conflito entre as duas decisões, como penso ser mais adequado, em si mesmo não caracteriza o típico limbo previdenciário, à medida em que, nos termos do § 1º do art. 42 da Lei n. 8.213, de 1991, "a verificação da condição de incapacidade mediante exame médico-pericial" se dá "a cargo da Previdência Social." Mas, na prática, caracteriza o limbo trabalhista previdenciário, como se verá mais adiante.

De um modo geral, assim a doutrina nacional tipifica o limbo previdenciário: a situação que envolve o trabalhador acidentado, o qual, após receber a alta previdenciária e ao se apresentar à empresa, é impedido de voltar efetivamente ao trabalho, porque o médico do trabalho ainda o considera inapto ao serviço.

Contudo, penso que esse conceito desafia outros fundamentos para adequação fática e jurídica do que, na prática, tipifica o limbo previdenciário.

Aqui a minha tese inicial é a seguinte: o limbo previdenciário é distinto do limbo trabalhista. Deste, já tratamos ao norte. É distinto porque o limbo previdenciário não decorre de ato típico ou atípico do empregador.

Vamos entendê-lo a partir das obrigações legais (deveres jurídicos e sociais) que são típicas e inerentes do INSS na Lei n. 8.213, de 1991, e no Decreto n. 3.048, de 6 de maio de 1999, em face do trabalhador segurado acidentado.

Quando se compreende que o típico limbo trabalhista decorre da decisão do empregador — decisão que gera a exclusão do trabalhador segurado do direito de trabalhar e, assim, fica privado dos respectivos salários — torna-se lógico asseverar e concluir que qualquer espécie de limbo (o trabalhista, o previdenciário ou o trabalhista previdenciário) está relacionado a um dever ou a uma obrigação que foi descumprida em face do trabalhador.

O elemento do tipo do limbo previdenciário não é a ação do empregador que recusa o trabalhador reabilitado ao trabalho, mas, sim, pode estar relacionado à ação omissiva do Instituto Nacional do Seguro Social (INSS), quanto à observância de suas obrigações ou deveres, em relação ao trabalhador segurado acidentado ou portador de outras doenças incapacitantes.

A Lei n. 8.213, de 1991, e o Decreto n. 3.048, de 6 de maio de 1999, especificam as prestações em geral e específicas (obrigações) do INSS, no que concerne à habilitação, (capacidade para exercer tarefas laborais), à reabilitação profissional (prestação previdenciária prevista ao segurado e ao dependente), e readaptação profissional e social (prestação previdenciária que visa proporcionar ao beneficiário incapacitado parcial ou totalmente para o trabalho), tudo com o objetivo de proporcionar ao beneficiário incapacitado parcial ou totalmente a sua participação no mercado de trabalho e do contexto em que vive[58]."

Por conseguinte, o estrito limbo previdenciário decorre do ato comissivo ou omissivo da autarquia previdenciária, quando deixa de garantir as prestações devidas em caráter obrigatório aos segurados, tais como aquelas previstas no art. 90 da Lei n. 8.213, de 1991, relativas à habilitação e a reabilitação profissional e social, e à readaptação profissional[59], especificadas

---

(58) Confira-se na Lei n. 8. 213, de 1991, o art. 89. A habilitação e a reabilitação profissional e social deverão proporcionar ao beneficiário incapacitado parcial ou totalmente para o trabalho, e às pessoas portadoras de deficiência, os meios para a (re) educação e de (re)adaptação profissional e social indicados para participar do mercado de trabalho e do contexto em que vive.

(59) Wladimir Novaes Martinez distingue os conceitos. Por habilitação, entende que seja a "capacidade jurídica atribuída formalmente à pessoa humana que cumpre os requisitos legais para exercer certa atividade profissional", enquanto que reabilitação profissional é definida como a "prestação previdenciária posta à disposição do trabalhador que teve a sua capacidade laboral limitada na forma de serviços, um processo de integração do profissional como elemento produtivo, de quem teve diminuída a sua capacidade laboral, obtido mediante estudo, avaliações

no art. 89 e alíneas da mesma lei e no art. 136 do Decreto n. 3.048, de 1999.

Observemos as hipóteses de prestações devidas ao segurado, que são de caráter obrigatório, previstas nas alíneas "a", "b", "c" do Parágrafo único do art. 89 da Lei n. 8. 213, de 1991:

> "Parágrafo único. A reabilitação profissional compreende:
>
> a) o fornecimento de aparelho de prótese, órtese e instrumentos de auxílio para locomoção quando a perda ou redução da capacidade funcional puder ser atenuada por seu uso e dos equipamentos necessários à habilitação e reabilitação social e profissional;

---

fisiológicas, psicológicas e profissionais (com a realização de exames complementares), bem como a recuperação, a readaptação, a recolocação ou o reemprego e, por último, o acompanhamento do trabalhador (Portaria s SPS ns. 10/75 16/80). Por reabilitação profissional e social, entende que seja "um processo mais amplo e complexo através do qual o reabilitado e readaptado é reinserido na sociedade." Por readaptação profissional, apresenta este conceito: "Mecanismo oficial de recuperação do das condições laborais do trabalhador no ambiente da empresa, depois do processo de reabilitação promovido pelo INSS (PBPS, arts. 89/92). MARTINEZ, Wladimir Novaes. *Dicionário Novaes de Direito Previdenciário*. São Paulo, LTr: 2013. p. 259, 400/401.

b) a reparação ou a substituição dos aparelhos mencionados no inciso anterior, desgastados pelo uso normal ou por ocorrência estranha à vontade do beneficiário;

c) o transporte do acidentado do trabalho, quando necessário."

Se, e quando, restar comprovada a qualidade de segurado obrigatório (art. 11 da referida lei,) bem como tipificados os requisitos do acidente do trabalho (art. 19) e das entidades mórbidas (art. 20) ou ainda os acidentes por equiparação, e se o INSS deixar, sem motivo justificado, de garantir as prestações obrigatórias e devidas ao segurado, tal conduta certamente causará prejuízos ao segurado e aos dependentes.

Portanto, o limbo previdenciário poderá restar tipificado pela conduta omissiva da autarquia previdenciária, por exemplo, quando sonegar do segurado obrigatório em processo de reabilitação profissional e social a readaptação profissional: (a) o fornecimento de aparelho de prótese, órtese e instrumentos de auxílio para locomoção e necessários à habilitação e reabilitação social e profissional; (b) a reparação ou a substituição dos aparelhos desgastados pelo uso normal ou por ocorrência estranha à vontade do beneficiário e quando; (c) transporte do acidentado do trabalho, quando necessário.

Veja-se, por conseguinte, que a inexecução das prestações de caráter obrigatório, de que tratam as alíneas "a", "b", "c" do Parágrafo único do art. 89 da Lei n. 8.213, de 1991 — que geram o típico limbo previdenciário em face do segurado ou de seu dependente — não se confundem com o ato do empregador que recusa o retorno ao trabalho do empregado reabilitado e considerado apto.

As prestações de caráter obrigatório devidas ao segurado — "inclusive aposentados e, na medida das possibilidades do órgão da Previdência Social, aos seus dependentes", nos termos do art. 90 da Lei n. 8.213, de 1991, — assim o são, porque o trabalhador segurado está afastado do trabalho. Por isso, o ato gerador do limbo previdenciário é típico da autarquia previdenciária.

3.4. Limbo trabalhista previdenciário

O que e qual situação fática que poderá tipificar o duplo limbo, aquele que denomino de limbo trabalhista previdenciário.

No julgamento do ARR-20301-50.2015.5.04.0601, a 4ª Turma do Tribunal Superior do Trabalho definiu o "limbo-jurídico-previdenciário", como o "período no qual o empregado deixa de receber o benefício previdenciário, e também não volta a receber os seus salários". Veja-se o excerto:

> "Trata-se de situação que é denominada pela doutrina de "limbo-jurídico-previdenciário", que se caracteriza por ser um período no qual o empregado deixa de receber o benefício previdenciário, e também não volta a receber os seus salários. A esse respeito, o entendimento predominante no âmbito desta Corte é no sentido de que a responsabilidade pelo pagamento dos salários é do empregador. Precedentes. Agravo de Instrumento conhecido e não provido.(...)"[60]

Já na decisão dos autos do processo TST-RR-2690-72.2015.5.12.0048, diz-se que o limbo previdenciário consiste na "divergência entre o setor médico da empresa e a conclusão da perícia médica previdenciária", caso em que "competia à reclamada providenciar

(60) Julgado já citado: ARR-20301 50.2015.5.04.0601, Relatora Ministra: Maria de Assis Calsing, 4ª Turma, publicado no DEJT em 13.04.2018.

a realocação da empregada para o exercício de trabalho compatível com a sua capacidade laborativa".

Não obstante, e objetivando a construção conceitual que apresento nos itens sobre "limbo trabalhista" e "limbo previdenciário", é possível afirmar que os julgados configuram de modo mais apropriado o limbo trabalhista previdenciário.

E por quê? Porque se referem à dupla situação fática nas quais se encontram o trabalhador segurado acidentado: a alta previdenciária e a recusa do empregador em aceitar o trabalhador acidentado de volta; portanto, tipificada "a divergência entre o setor médico da empresa e a conclusão da perícia médica previdenciária".

O limbo trabalhista previdenciário é, por conseguinte, a situação fático-jurídica em que o empregado-segurado obrigatório do RGPS — apesar de ter recebido a alta previdenciária — se encontra sem poder trabalhar; não recebe salários, porque a empresa não o readaptou, apesar do laudo de declaração emitido pelo INSS.

E o médico do trabalho da empresa não recomenda o seu retorno ao trabalho, orientando-o a recorrer da decisão administrativa do INSS, para obter a renovação do benefício.

A típica situação fático-jurídico do limbo trabalhista previdenciário apresenta, desse modo, as seguintes características:

1. O lapso (ou período) de tempo a partir da cessação do benefício previdenciário, porque o trabalhador é considerado apto ao trabalho pelas perícias do INSS;

2. No retorno à empresa, o médico do trabalho ao submeter o trabalhador ao exame de aptidão, diverge da decisão referente à sua aptidão e à alta previdenciária, não recomenda o retorno e orienta o trabalhador segurado a recorrer da decisão do INSS;

3. O tempo em que o trabalhador segurado aguarda o julgamento do seu recurso por todas as instâncias julgadoras do Conselho de Recursos do

RGPS, está sem receber o benefício ou auxílio previdenciário, sem trabalhar e sem receber os salários.

4. Esse é o lapso temporal do limbo trabalhista previdenciário.

O limbo trabalhista previdenciário é, então, o período em que a empresa e o INSS discordam acerca da alta previdenciária do empregado, sendo impedido de retornar às atividades laborais, na visão da empresa, mas sendo possível, conforme a decisão do INSS.

Figuradamente, como se diz na linguagem amazônica, o trabalhador-empregado-segurado fica como um peixe fora d'água. Um peixe fora d'água morre aos poucos. O empregado segurado que se encontra no limbo trabalhista previdenciário é um peixe fora d'água: não tem emprego e nem salário; não tem o benefício previdenciário.

Por outro lado, não tipifica o limbo trabalhista previdenciário, quando o empregado segurado se recusa retornar ao trabalho ou quando não aceita ser readaptado noutra função. Se, portanto, o empregado-segurado se recusar a voltar ao emprego (em atividades que poderão ser exercidas pelo beneficiário), constitui justa causa (insubordinação, art. 482, alínea "h", da CLT), ensejando a justa causa.

Mas o que o empregador precisa fazer quando recebe o empregado com alta previdenciária e quando o médico do trabalho o considera inapto ao trabalho?

O que deve ser feito é fundamental e inescusável, porque a primeira medida consiste numa obrigação de ordem pública constante na forma Norma Regulamentadora n. 7:4, "b" — a NR que adota diretrizes ao Controle Médico de Saúde Ocupacional, com a finalidade de promoção e preservação da saúde dos trabalhadores: a obrigação ou responsabilidade do empregador de "custear sem ônus para o empregado todos os procedimentos relacionados ao PCMSO".

Dentre os procedimentos, estão a garantia de realização dos exames clínicos complementares e a garantia das medidas de reabilitação e readaptação de seus trabalhadores acidentados, visto que tais medidas são deveres relativos à segurança e saúde do trabalhador, tal como previsto em todas as normas regulamentadoras, especialmente na Norma Regulamentadora n. 28 e no Programa de Gerenciamento de Riscos Ocupacionais, o qual estabelece diretrizes à adoção das ações de prevenção e cujo objetivo é garantir a todos os trabalhadores condições e ambientes de trabalho seguro e saudável.

É defeso ao empregador, como forma de se desonerar de suas responsabilidades, simplesmente recomendar que o trabalhador acidentado volte ao INSS para requerer a reconsideração (§ 11, art. 60[(61)] da Lei

---

(61) Confira a integralidade do art. 60, § 11. Art. 60. O auxílio-doença será devido ao segurado empregado a contar do décimo sexto dia do afastamento da atividade, e, no caso dos demais segurados, a contar da data do início da incapacidade e enquanto ele permanecer incapaz. § 11. O segurado que não concordar com o resultado da avaliação da qual dispõe o § 10 deste artigo poderá apresentar, no prazo máximo de trinta dias, recurso da decisão da administração perante o Conselho de Recursos do Seguro Social, cuja análise médica pericial, se necessária, será feita pelo assistente técnico médico da junta de recursos do seguro social, perito diverso daquele que indeferiu o benefício.

n. 8. 213, de 1991) ou a renovação/ prorrogação (§ 9º do art. 60[(62)] e art. 109[(63)], Lei n. 8. 213, de 1991) do benefício cancelado.

Ora, quando concluído o processo de habilitação ou reabilitação social e profissional, a Previdência Social emite o certificado individual, indicando as atividades que poderão ser exercidas pelo beneficiário, nada impedindo que este exerça outra atividade para a qual se capacitar, conforme previsão no art. 92, da Lei n. 8.213, de 1991.

---

(62) Confira a integralidade do art. 60, § 9º: O auxílio-doença será devido ao segurado empregado a contar do décimo sexto dia do afastamento da atividade, e, no caso dos demais segurados, a contar da data do início da incapacidade e enquanto ele permanecer incapaz.: § 9º. Na ausência de fixação do prazo de que trata o § 8ºdeste artigo, o benefício cessará após o prazo de cento e vinte dias, contado da data de concessão ou de reativação do auxílio-doença, exceto se o segurado requerer a sua prorrogação perante o INSS, na forma do regulamento, observado o disposto no art. 62 desta Lei.

(63) Confira a integralidade do art. 109. O benefício será pago diretamente ao beneficiário, salvo em caso de ausência, moléstia contagiosa ou impossibilidade de locomoção, quando será pago a procurador, cujo mandato não terá prazo superior a doze meses, podendo ser renovado.

O certificado individual de reabilitação ou readaptação também é um documento público. Logo, possui fé pública e, nesta qualidade, à luz do art. 405, do Código de Processo Civil, "faz prova não só da sua formação, mas também dos fatos que o escrivão, o chefe de secretaria, o tabelião ou o servidor declarar que ocorreram em sua presença".

E observe-se que, nos termos do § 4º do art. 60,- da Lei n. 8.213, de 1991, é encargo da empresa o exame médico no trabalhador (por meio de convênio ou médico do trabalho), sendo que somente deverá "encaminhar o segurado à perícia médica da Previdência Social quando a incapacidade ultrapassar 15 (quinze) dias".

Então, assim como o empregado segurado tem a legitimidade para recorrer da decisão do INSS no prazo de 30 dias — quando não concordar com o resultado da avaliação e da cessação do benefício (§ 11 do art. 60) — da mesma forma o empregador possui essa legitimidade.

E por quê? porque é parte diretamente interessada e afetada pela decisão do INSS. Por isso, tem legitimidade jurídica para recorrer da decisão da autarquia perante a Junta de Recurso do Conselho de Recursos da Previdência Social, seguindo-se, se necessário, à interposição do "Recurso Especial" à Câmara de Julgamento e, ainda, se for o caso, propor a "Reclamação" ao Conselho Pleno.

A previsão legal desta sucessão de recursos administrativos está no Regimento Interno do Conselho de Recursos da Previdência Social — CRPS, aprovado pela Portaria MTP n. 4.061, de 12 de dezembro de 2022, do Conselho de Recursos da Previdência Social[64].

Em suma: a empresa é a terceira interessada ou terceiro interveniente, sendo legítima a interposição do recurso à Junta de Recursos do CRSS.

Com isso, é juridicamente lógico concluir que o laudo ou exame médico particular (emitido pelo médico do trabalhador) ou laudo do médico do trabalho da empresa não prevalecem sobre o laudo médico-pericial a cargo da Previdência Social.

---

(64) CRPS. Regimento Interno. Portaria MTP n. 4.061, de 12 de dezembro de 2022. Disponível em: RICRPS compilado com alterações (www.gov.br) . Acesso em: 30 jan. 2024.

Quando a empresa não concorda com a decisão do INSS e abdica de recorrer, significa que aceita a decisão administrativa do INSS.

Com isso, a empresa obriga-se a aceitar o empregado segurado em qualquer uma das atividades indicadas no certificado individual de reabilitação fornecido pelo INSS. E não pode rejeitar a volta do empregado ao trabalho, sob pena de promover a "frustração de direito assegurado por lei trabalhista," consoante nos termos do art. 203 do Código Penal.

Mas, se a empresa recusar o retorno do empregado, ela fica responsável pelo pagamento dos direitos trabalhistas do seu empregado enquanto estiver pendente o recurso administrativo do trabalhador nas instâncias do CRPS?

No pensamento do TST, adotado no julgamento do RR — 662-36.2014.5.21.0010, do IRR — 81300-13.2013.5.17.000 e do RR-2690-72.2015.5.12.0048, a empresa não pode recusar o retorno do trabalhador ao emprego.

Por essa razão — além de ser a responsável por "zelar pela afirmação de sua dignidade e integração no contexto social" — nos referidos julgamentos, o TST também a considera responsável pela "readequação de suas funções no processo produtivo da empresa", e, por conseguinte, sustenta que é dever da empresa a "manutenção e respeito aos direitos fundamentais do empregado".

No julgamento do RR — 81300-13.2013.5.17. 000, na hipótese de divergências entre a decisão do INSS do médico do trabalho da empresa, o TST decidiu que compete à empresa recolocar o trabalhador em função compatível às suas novas condições laborais, Veja-se:

> "correndo divergência entre a conclusão da perícia previdenciária e a orientação do setor médico da empresa, competia à reclamada realocar o empregado em setor diverso daquele que antes laborava, enquanto não houvesse reforma da decisão administrativa. Isso porque não se pode atribuir ao obreiro o ônus de suportar os prejuízos decorrentes da contradição de entendimento entre os setores técnicos, ficando desamparado, sem percepção dos meios de subsistência."

Por outro sentido: o TST considerou que deve prevalecer a perícia do INSS em relação ao laudo do médico do trabalho da empresa,

A decisão é lógica e apoiada na legislação: no art. 21-A (perícia do INSS para caracterizar a natureza acidentária da incapacidade) e também com base no inciso I do art. 101 da Lei n. 8.213, de 1991 (exame médico-pericial a cargo da Previdência Social) e, ainda conforme o do art. 405 do CPC (fé pública dos documentos públicos) e do art. 427 do CPC (condição para cessar a fé pública do documento público).

E no mesmo Recurso de Revista (RR — 81300-13.2013.5.17.000), quanto aos pagamentos dos salários, firmou a jurisprudência no sentido de que incumbem ao empregador:

> "Assim, comprovada a tentativa do obreiro de retorno ao trabalho e caracterizada a recusa patronal, ainda que a pretexto de incapacidade para reassumir as atividades laborais, incumbe à empresa a responsabilidade pelo pagamento das obrigações contratuais a partir da cessação do auxílio-doença."

Os três julgados judiciais são relevantes porque contribuem para evitar a ocorrência do limbo trabalhista previdenciário em face do trabalhador — aquele que recebeu a alta previdenciária com atestado de apto ao trabalho, porém, foi recusado pela empresa de retornar ao trabalho.

A decisão no RR-2690-72.2015.5.12.0048, o TST, ao constar a divergência entre o ato pericial da autarquia previdenciária — que considerou o segurado apto ao trabalho, concedendo-lhe a alta previdenciária — e o ato médico individual do médico do trabalho, que o considerou inapto — a turma julgadora decidiu que "a empregadora é responsável pelo pagamento dos salários, durante o período de afastamento".

Eis o exceto do julgado:

> "Esta Corte Superior entende que, se o empregado, após receber alta do INSS, tenta retornar ao trabalho e a empresa se nega a aceitá-lo porque o considera inapto, a empregadora é responsável pelo pagamento dos salários, durante o período de afastamento, visto que cabe a ela, no mínimo, readaptar o empregado em função compatível com sua

condição de saúde e não, simplesmente, negar-lhe o direito de retornar ao trabalho."

Ao reconhecer a responsabilidade (portanto, o dever legal) do empregador pelo pagamento dos salários, no caso do limbo trabalhista-previdenciário, a referida decisão, assim pode ser compreendida: garante o direito fundamental ao trabalho (e aos seus consectários) e promove a dignidade humana do trabalhador acidentado.

Tópico 4

NOTAS CONCLUSIVAS

Por fim, é preciso destacar duas importantes proposições de fundo deste livro seja para eventuais iniciativas legislativas, jurisprudenciais ou acadêmicas. São as seguintes:

1. A necessidade da aprovação de súmula pelo Tribunal Superior do Trabalho sobre o limbo trabalhista e sobre o limbo trabalhista previdenciário.

2. A urgente necessidade de inclusão, na Consolidação das Leis do Trabalho, de dispositivo sobre o limbo trabalhista, o limbo trabalhista previdenciário e sobre o não-limbo trabalhista previdenciário, tipificando-se a conduta do empregador, a responsabilidade de pagar salários e a respectiva indenização por danos extrapatrimoniais.

A súmula teria por texto a seguinte tese jurídica-jurisprudencial:

SÚMULA n. ..... EMENTA: Empregado segurado acidentado. Alta Previdenciária. Readaptação do empregado. Recusa do empregador. Limbo trabalhista. Limbo trabalhista previdenciário. Responsabilidade do empregador. Pagamento de salários e indenização. Responsabilidade do empregador.

I. Ofende o princípio da dignidade humana e o direito fundamental ao trabalho a conduta do empregador doméstico ou da empresa que, do modo abusivo e arbitrário ou sem justo motivo, recusar o retorno do empregado segurado acidentado ao trabalho, privando-lhe dos salários.

II. Pratica o limbo trabalhista o empregador que retaliar ou praticar qualquer conduta discriminatória no emprego o trabalhador sindicalizado reintegrado, sonegando-lhe o trabalho, embora pagando-lhe salários.

III. Pratica o limbo trabalhista previdenciário o empregador doméstico ou a empresa que considerar o trabalhador segurado inapto ao trabalho, mas deixar de recorrer da decisão de alta previdenciária concedida pelo INSS, vetar o seu retorno ao trabalho, e deixar de pagar os salários do período respectivo da recusa.

IV. Havendo conflitos ou divergências entre o laudo médico-pericial do INSS, que considera o trabalhador apto ao trabalho e lhe concede a alta previdenciária, e o laudo do médico do trabalho da empresa, (que o considera inapto), prevalece a fé pública do laudo pericial da autarquia previdenciária.

V. É do empregador a responsabilidade de pagar os salários do período em que o trabalhador com alta previdenciária, recusado pela empresa de retornar ao trabalho, for encontrado em situação de limbo trabalhista previdenciário cometido pelo empregador.

A outra proposição diz respeito à eventual ou possível elaboração de um projeto de Lei. A título de contribuição, como esboço, faço a seguinte proposição de Projeto de Lei.

PROJETO DE LEI N. ...

Ementa: Altera a Consolidação das leis do Trabalho para incluir os artigos ......, que disciplinam as situações relativas ao limbo trabalhista e ao limbo trabalhista previdenciário em face do trabalhador segurado com alta previdenciária e define a responsabilidade do empregador ao pagamento de salários e a decorrente indenização por dano extrapatrimonial, e dá outras providências.

O Congresso Nacional decreta:

Art. 1º Esta lei trata das situações trabalhistas-previdenciárias que podem tipificar o limbo trabalhista, o limbo trabalhista previdenciário, o não limbo e sobre a responsabilidade do empregador quanto ao pagamento de salários e da indenização respectiva por danos extrapatrimoniais.

Art. 2º Pratica o limbo trabalhista o empregador que discriminar, de qualquer forma ou por qualquer meio, o trabalhador estável, suprimindo-lhe o trabalho, apesar de lhe pagar os salários.

Art. 3º Recusar o retorno ao trabalho do empregado com alta previdenciária, sonegando-lhe os salários respectivos, tipifica o limbo trabalhista previdenciário.

Parágrafo único. A prática do limbo trabalhista e do limbo trabalhista previdenciário pelo empregador viola o direito social fundamental ao trabalho e o princípio da dignidade humana do trabalhador, justificando o direito à indenização por dano extrapatrimonial compatível com o dano.

Art. 4º Havendo a discordância do médico do trabalho do empregador em relação à alta previdenciária do empregado segurado, porque ainda o considera inapto, prevalece a fé pública do laudo médico-pericial do INSS, incumbindo ao empregador o pagamento dos salários a partir da reapresentação do trabalhador à empresa até a solução administrativa (pelo INSS) ou judicial do impasse.

Art. 5º Não tipifica o limbo a conduta do empregado segurado que, com a alta previdenciária, deixar de se reapresentar imediatamente ao trabalho ou se, mesmo se reapresentando, recusar o exercício da função readaptada por recomendação do INSS.

Parágrafo único. A hipótese do *caput* do art. 4º desta lei tipifica a falta grave (insubordinação) prevista no art. 482, alínea "h", da CLT.

Art. 6º Revogando-se quaisquer disposições em contrário, esta lei entra em vigor na data de sua publicação.

REFERÊNCIAS

LIVROS

AQUINO, Tomás de. Suma *Teológica*. Tradução clássica de Alexandre Correia. Disponível em: suma-teológica.pdf. Acesso em: 30 jan. 2024.

BÍBLIA *Sagrada on line*. Disponível em: Bíblia — Bíblia Sagrada Online (bibliaon.com) . Acesso em: 30 jan. 2024.

MORAIS, Océlio de Jesús C. *Direitos fundamentais e justiça* — proteção do trabalho da mulher. (Coleção Premium). São Paulo: LTr, 2023.

________. MORAIS, Océlio de Jesús C. *Competência da Justiça Federal do Trabalho e a efetividade do direito fundamental à previdência*. São Paulo: LTr, 2014. p. 158.

________. MORAIS, Océlio de Jesús C. P*roteção dos direitos humanos fundamentais* — perspectivas na sociedade tecnológica de risco. Porto Alegre: Sergio Antonio FABRIS Editor, 2019.

MARTINEZ, Wladimir Novaes. *Dicionário Novaes de direito previdenciário*. São Paulo, LTr: 2013.

DOCUMENTOS

PAPA LEÃO XII. Santa Sé. Carta Encíclica *Rerum Novarum*, do sumo pontífice Leão XIII, dada em Roma, junto de S. Pedro, a 15 de maio de 1891, no décimo quarto ano do Nosso. Disponível em: https://www.puc-campinas.edu.br/wp-content/uploads/2016/03/NFC-Carta-Enciclica-rerum-novarum.pdf Acesso em: 20 jan. 2024.

PAPA JOÃO PAULO II. Santa Sé. Carta Encíclica. Laborem Exercens. Disponível em: https://www.vatican.va/content/john-paul-ii/pt/encyclicals/documents/hf_jp-ii_enc_14091981_laborem-exercens.html. Acesso em: 30 jan. 2024.

International Labour Organization. Disponível em: https://www.ilo.org › documents. Wcms_336918. PDF. Acesso em 30 jan. 2024.

________. *Declaração sobre os princípios e direitos fundamentais no trabalho*. Disponível em: https://www.ilo.org/public/english/standards/declaration/declaration_portuguese.pdf. Acesso em: 30 jan. 2023.

OIT. Organização Internacional do Trabalho. Convenções ratificadas pelo Brasil. Disponível em: https://www.ilo.org/brasilia/convencoes/lang—pt/index.htm. Acesso em: 30 jan. 2024.

OIT. Declaração Sobre Justiça Social para uma Globalização Justa Adaptada pela Conferência Internacional do Trabalho na 97ª Sessão, Genebra, 10 de Junho de 2008. Documento em PDF. Disponível em: https://www.ilo.org/lisbon/lang—pt/index.htm. Acesso em: 20 jan. 2024

CRPS. *Regimento Interno*. Portaria MTP n. 4.061, de 12 de dezembro de 2022. Disponível em: RICRPS compilado com alterações (www.gov.br) . Acesso em: 30 jan. 2024.

LEGISLAÇÃO

BRASIL. Constituição da República Federativa do Brasil, de 5 de outubro de 1988. Presidência da República. Casa Civil. Subchefia para assuntos jurídicos. Disponível em: https://www.planalto.gov.br/ccivil_03/constituicao/constituicao.htm. Acesso em: 20 jan. 2024.

BRASIL. Constituição da República Federativa do Brasil, de 1967. Presidência da República. Casa Civil. Subchefia para assuntos jurídicos. Disponível em: https://www.planalto.gov.br/ccivil_03/constituicao/constituicao67.htm. Acesso em: 20 jan. 2024.

BRASIL. Legislação. AI-5. *Presidência da República. Casa Civil, Subchefia para Assuntos Jurídicos.* Disponível em: https://www.planalto.gov.br/ccivil_03/ait/ait-05-68.htm. Acesso em: 30 jan. 2024

BRASIL. Legislação. *Presidência da República. Casa Civil, Subchefia para Assuntos Jurídicos.* Constituição da República dos Estados Unidos do Brasil, de 16 de julho de 1924. Disponível em: https://www.planalto.gov.br/ccivil_03/constituicao/constituicao24.htm Acesso em: 30 jan. 2024.

BRASIL. Legislação. *Presidência da República. Casa Civil, Subchefia para Assuntos Jurídicos.* Constituição da República dos Estados Unidos do Brasil., de 24 de fevereiro de 1891. Disponível em: https://www.planalto.gov.br/ccivil_03/constituicao/constituicao91.htm Acesso em: 30 jan. 2024.

BRASIL. Legislação. *Presidência da República. Casa Civil, Subchefia para Assuntos Jurídicos.* Constituição Política do Império do Brazil, de 25 de março de 1824. Disponível em: https://www.planalto.gov.br/ccivil_03/constituicao/constituicao34.htm. Acesso em: 30 jan. 2024.

BRASIL. Legislação. Decreto-lei n. 2.848, de 7 de dezembro de 1940. *Presidência da República. Casa Civil, Subchefia para Assuntos Jurídicos.* Disponível em: https://www.planalto.gov.br/ccivil_03/decreto-lei/del2848compilado.htm. Acesso em: 30 jan. 2024.

BRASIL. Legislação. Lei n. 8.213, de 14 de julho de 1991. *Presidência da República. Casa Civil, Subchefia para Assuntos Jurídicos.* Disponível em: L8213compilado (planalto.gov.br) . Acesso em: 10 jan. 2024.

BRASIL. Legislação. Lei n. 14.331, de 4 de maio de 2022. *Presidência da República. Casa Civil, Subchefia para Assuntos Jurídicos.* Disponível em: L14331 (planalto.gov.br) Acesso em: 30 jan. 2024.

BRASIL. Legislação. Lei n. 8.036, de 11 de maio de 1990. *Presidência da República. Casa Civil, Subchefia para Assuntos Jurídicos.* Disponível em: L8036compilada (planalto.gov.br). Acesso em: 30 jan. 2024.

BRASIL. Legislação. Portaria n. 6.735, de 10 de março de 2020. Ministério da Economia. Secretaria Especial de Previdência e Trabalho. Publicada no Diário Oficial da União de 12/03/2020 — Seção 1). Disponível em: Portaria_SEPRT_6.735_(Altera_a_NR_09).pdf. Acesso em: 30 jan. 2024.

JURISPRUDÊNCIA

BRASIL. Jurisprudência. Súmulas. Orientações Jurisprudenciais. Precedentes Normativos. Tribunal Pleno/Órgão Especial, SBDI-I, SBDI-I Transitória, SBDI-II e SDC). Disponível em: www.tst.jus.br. Brasília. 2023

BRASIL. Jurisprudência. Súmula n. 46. Tribunal Superior do Trabalho. Disponível em: Pesquisa de jurisprudência (tst.jus.br) . Acesso em: 30 jan. 2024.

BRASIL. Jurisprudência. Súmula n. 378 do TST. Tribunal Superior do Trabalho. Disponível em: Pesquisa de jurisprudência (tst.jus.br). Acesso em: 30 jan. 2024.

BRASIL. Jurisprudência. Tema 932: Supremo Tribunal Federal. Disponível em: Tema 932 — Temas com Repercussão Geral do STF (modeloinicial.com.br). Acesso em: 30 jan. 2024.

BRASIL. Jurisprudência. Tribunal Superior do Trabalho. Processo n. TST-RR-2690-72.2015.5.12.0048. Disponível em: RR-2690-72_2015_5_12_0048.pdf. Acesso em: 30 jan. 2024.

BRASIL. Jurisprudência. Tema 932: Supremo Tribunal Federal. Disponível em: Tema 932 — Temas com Repercussão Geral do STF (modeloinicial.com.br). Acesso em: 30 jan. 2024.

BRASIL. Súmulas Vinculantes. Supremo Tribunal Federal. Edição Eletrônica. Disponível em: 2020SmulaVinculante-1a29e31a58Completocapaecontedo.pdf (stf.jus.br) . Acesso em: 30 jan. 2024.

BRASIL. Jurisprudência. STF. ADI 1623. Disponível em: Supremo Tribunal Federal (stf.jus.br). Acesso em: 30 jan. 2024.